U0554021

明智决策

《哈佛商业评论》编辑组 编

高英东 译

商务印书馆
The Commercial Press
创于1897

2012年·北京

图书在版编目(CIP)数据

明智决策/《哈佛商业评论》编辑组编；高英东译.
—北京：商务印书馆，2012
ISBN 978-7-100-07573-2

I.①明… II.①哈… ②高… III.①企业管理—经
营决策—案例 IV.①F272.3

中国版本图书馆 CIP 数据核字(2010)第 244373 号

明智决策

《哈佛商业评论》编辑组 编
高英东译

商 务 印 书 馆 出 版
(北京王府井大街36号 邮政编码100710)
商 务 印 书 馆 发 行
北 京 市 艺 辉 印 刷 厂 印 刷
ISBN 978-7-100-07573-2

2012年6月第1版 开本 650×1000 1/16
2012年6月北京第1次印刷 印张 10½

定价：28.00元

目录

谁该拥有决策权？

——明确决策角色，提高企业业绩

保罗·罗杰斯 (Paul Rogers)

玛西娅·布伦科 (Marcia Blenko)

概要

决策是商务领域的中心环节。但即使是在享有盛誉的公司，集团内的决策过程也会像钱包里的零钱一样被卡住。因此，整个决策过程常在四个"瓶颈"处被搁浅：全球与区域决策，核心管理层与业务部门决策，跨职能决策，公司内部与外部合作伙伴决策。

不论何时，只要谁该决定什么的问题不明确或是有争议，便会遭遇决策瓶颈。例如，是市场营销者还是产品开发者决定新产品的特性？主要的项目投资决策是要由将拥有这项投资的

1

业务部门批准，还是由总部做出最后决定？哪些决策可以授权给外包合作者，而哪些决策又必须在公司内部做出？

贝恩咨询公司（Bain）的咨询人员保罗·罗杰斯和玛西娅·布伦科用 RAPID（"建议、同意、执行、支持、决策"五个英文单词的首字母）的方法帮助公司清楚地定义角色与责任，突破决策瓶颈。例如，英美烟草公司（British American Tobacco）在全球与地域的决策中建立了一种平衡，既巧妙利用公司的规模又保持了在地方市场的灵活性。在惠氏制药（Wyeth Pharmaceuticals），发展的机遇揭示了把决策权下放到业务部门的必要性。在英国的约翰刘易斯百货连锁公司（John Lewis），采购人员和销售人员澄清了各自的决策角色，以实施销售盐和胡椒调味瓶组（Salt and pepper mills）的新战略。

在完善决策过程时，一个公司必须采取切实有效的步骤：决策角色须与最重要的价值来源相一致；确保组织中合适层次的合适人员做出决策，并让即将负责这个新过程的人员参与设计。

决策是商务领域的中心环节。所有成功与失败、抓住的与错失的机遇都与决策的成败息息相关。在许多公司中，组织内的决策也常常会像钱包里的零钱一样被卡住。当然，处于风险中的可不只是零钱，而是整个公司的绩效。无论你从事哪一行业、公司的规模有多大、知名度有多高、战略有多绝妙，如果不能迅速有效地做出正确的决策，并贯彻始终地执行这些决策，那么你的公司都将失去优势。

的确，做出正确决策并迅速执行决策是组织高效运营的标志。我们对350家跨国公司的行政管理人员就组织效率这一问题做了调查，其中只有15% 的人认为他们公司的组织结构有助于他们在竞争中拔得头筹。业绩最优公司与其他公司的主要区别是其决策的质量、速度和执行。最有效的组织在重大战略决策问题上——如：进入或退出哪些市场，买入或售出哪些业务，把资金和人才配置在什么地方——成绩颇佳。而当需要快速做出关键的经营决策，尤其是那些需要贯彻始终的经营决策时——如何推动产品创新，定位品牌的最佳途径，如何管理渠道合作伙伴——最有效的组织更能体现出卓越之处。

然而，即使在因决策果断而著称的公司里，也会存在对决策责任人认定不清的情况，结果整个决策过程就可能因为一些瓶颈而受到拖延。通常会出现四个决策瓶颈：全球与区域决策、核心管理层与业务部门决策、跨职能决策，以及公司内部与外部合作伙伴决策。

第一个瓶颈是全球与区域决策，可以出现在几乎任何一个主要业务过程和职能中。区域业务部门在为他们的市场订制产品方面究竟应该享有多大决策权？当各公司就此问题进行争斗时，关于品牌建设和产品开发方面的决策经常陷入僵局。市场营销是另一个典型的全球与区域决策的例子：区域市场是否应该有定价权并能进行广告宣传？

第二个瓶颈是核心管理层与业务部门决策，这让母公司和子公司都头痛不已。业务部门位于业务前线，距离客户很近；核心管理层则能着眼全局，设定宏观目标并让整个组织注重致胜之道。那么决策权应该属于哪一方呢？比如，一个重大资本投资项目是否成立，究竟应该由将拥有该项目的业务部门批准呢，还是应该由核心管理层做出最后决定呢？

跨职能决策也许是最常见的瓶颈了。举例来说，每个制造商在设计新产品时都会面临一个问题，如何让产品开发和市场营销两方面保持平衡。应该做什么样的决策？由谁来做？跨职能决策的结果常常是无效的妥协方案，往往需要不断调整决策，因为一开始就没有把正确人选纳入到决策过程中。

第四个瓶颈是公司内部与外部合作伙伴决策。随着外包业务、合资企业、战略联盟和特许经营的兴起，这一问题已逐渐为人们所熟悉。

明智决策

在上述情况下，各公司必须绝对明确：哪些决策可以由外部合作伙伴做出（通常是战略执行过程中的决策）；哪些问题应该继续由公司内部决策（关于战略本身的决策）。打个比方，在外包业务过程中，品牌服装鞋类产品的销售商们一度认为，海外供应商应该对有关工厂员工的薪酬和工作条件的决策负责。这真是大错特错！

突破瓶颈

要突破决策过程中的瓶颈，最重要的一步就是明确决策过程中的不同角色和相应责任。好的决策者知道哪些决定会影响公司业绩。他们会全盘考虑：谁该负责提出建议、谁必须同意、谁提供项目支持、谁承担决策的最后责任，以及谁能完成后续工作。他们会将这一过程纳入公司日常工作程序之中。结果是：公司的协调更加良好，反应更加迅速。

为了分清决策中的角色和责任，各个公司发明了许多不同的方法。我们采用的方法叫做 RAPID。在这几年的发展过程中，这一方法帮助数以百计的公司制定出了明确的决策方针。当然，它并不是万能药（比如，一个优柔寡断的决策者足以摧毁任何运作良好的系统），但它是一个重要的开端。RAPID 中的五个字母代表了在任何决策过程中会涉及的五个主要角色——提出建议者、同意者、决策执行者、提供支持者和最后决策者。当然，他们并不总是严格按照这一顺序起作用的。我们将决策者叫作"D"（见本文后附录《决策入门》）。

提出建议者负责制订计划或提供替代方案。他们需要数据和分析来支持他们的提议，也需要合理性、实用性和有效性方面的常识。

4

同意者必须在该方案移至下一步前在方案上签字送出。如果同意者否决了一项提议，他们要么与提出建议者一道制订出一个替代方案，要么将这一问题直接提交决策者。为使决策顺利发挥作用，只能有几个人拥有否决权。他们可以是负责法律或遵章守制方面的行政主管，或者是那些会严重受到决策影响的部门的负责人。

提供支持者负责在建议制定过程中提出意见。他们的责任是提供相关事实，这些事实是做出良好决策的基础。比如：这项建议的实用性有多强？生产部门能否适应产品设计上的改变？当出现异议或相冲突的观点时，及时将提供支持者聚集到会议桌上进行讨论是很重要的。提出建议者没有义务根据他们能够获得的支持来制订计划，但也应该适当考虑这个问题，特别是当提供支持者往往也是决策执行者时。达成共识是一个远大的目标，但是如果将达成共识作为制定决策的标准，可能会阻碍行动，或造成最大限度的妥协。更为实际的目标是，让每个参与其中的人都支持决定。

最终会有一个人制定决策，作为决策唯一负责人，他必须做出最后决定，并带动整个公司贯彻这个决策。要做到有效并且强有力，决策者需要有良好的商业判断力，权衡利弊，懂得取舍，行动力强，并且对决策执行部门有清楚的了解。

决策过程的最后一环是执行决策。执行决策者确保决策迅速并有效地得到贯彻，是个很重要的角色。通常，哪怕是一个普通决策，只要迅速得到贯彻，也能胜过一个执行不力的良好决策。

RAPID 可以用来帮助重新设计公司的工作方式，也可以用来突破某个瓶颈。一些公司采用这一方法来处理最重要的10到20个决策，或者只在 CEO 和他的直接下属中使用这一方法。另一些公司则在整个组织中推广这一方法。比如，通过明确最前线的决策角色来提高客户服务质量。当人们认识到这是一个制定决策的有效过程时，便会将它一传十、十传百。举个例子，一家美国主要零售商的高级管理人员们运

5

明智决策

用 RAPID 方法理清了一系列棘手的决策问题。此后，他们迅速地将这一方法纳入到了各自的职能部门之中。

让我们通过四个公司采用这一方法突破决策瓶颈的案例，来认识一下这个方法的具体操作过程。

全球与区域决策

今天，每个大公司都是在全球市场上运作，在一个地方购买原材料，将它们运到另一个地方，并在世界范围内销售成品。大部分公司同时还在尝试发展区域业务和增加专业知识，实现规模经济。在这种环境下，决策远不是简单直接就能做出的。这些决策通常超越了全球或区域经理们的个人职责范围，有时还涉及相邻区域：怎样的投资可以简化我们的供应链？我们应该在多大程度上推广标准化产品，还是为本地市场订制产品？

制定决策的关键是既要避免无所顾忌地全球化，又要避免毫无希望地本土化。如果决策过多地依赖全球业务管理者，区域市场的客户偏好就可能被忽略，从而影响区域运作的高效性和灵活性。但如果区域部门决策权过大，公司将会错失关键的发展规模经济或全球客户的机会。

要取得平衡，公司就必须认识到其最重要的价值来源，并确保决策角色与之相结合。英美烟草集团（British American Tobacco）前首席执行官（CEO）兼董事长马丁·布劳顿（Martin Broughton）就曾遇到过这样的挑战。英美烟草集团是世界第二大烟草公司。1993年，当布劳顿被任命为 CEO 时，英美烟草集团正处在与对手的竞争中节节败退的境况。布劳顿知道公司需要更加充分地利用全球优势，但当时的决策角色和责任却与这一目标相背离。四个区域业务部门各自为政，极少合作，有时甚至相互竞争。事实证明，要实现全球品牌一致性相当困难，各区域部门的成本协同效益也很不明朗。业内人士开玩笑说："世界上有七大烟草公司，其中四个属于英美烟草集团。"布劳顿发誓要改变这一情况。

这位首席执行官勾勒出一幅理想的公司图景，充分利用公司全球业务所提供的机会：建立可以同美国奥驰亚集团（Altria Group）旗下的老牌赢家万宝路（Marlboro）相竞争的国际品牌；进行包括烟草在内的重要原材料的全球采购；在创新和客户管理方面拥有更高的一致性。决策权要向全球转移，但是布劳顿并不希望过多的转移使公司失去现有的在区域市场的灵活性和竞争力。

首要任务是明确做出最重要的决策所需要的角色。采购成了一个试验场。以前，每个区域部门指定各自的供应商，自主谈判合同内容。布劳顿着手在总部组建了一个全球采购团队，授权该团队选择供应商，并就物资价格和质量进行谈判，包括大宗烟草和几种特定的包装。区域采购团队可以对全球物资战略提出建议，但最终还是要听从全球采购团队的决定。当全球采购团队同供应商签订合同后，责任就转移至区域采购团队了，他们负责同该地区供应商一道处理运输和服务方面的细节问题。对于不形成全球规模效应的物资（比如北美市场上的薄荷过滤嘴香烟），区域团队保留其决策权。

改革采购决策过程的努力颇具成效，公司开始在所有重大决策中明确主要决策角色。这一过程并不容易，英美烟草集团这种大规模的公司拥有很多灵活部门，要发展实用性强的决策系统需要面对很多细节问题。另外，决策是一种权力，而人们通常不愿放弃权力。

让将要负责新系统的人参与系统设计，这点至关重要。在英美烟草集团，布劳顿成立了一些工作小组。不管有没有明确表示，这些小

7

明智决策

组的负责人将来有望领导整个公司。举个例子，保罗·亚当斯（Paul Adams）被指派领导一个工作小组，负责改革品牌和客户管理方面的决策过程。当时亚当斯只是一个经营部门的区域负责人，而最终他继布劳顿之后成了英美烟草集团的 CEO。布劳顿规定，包括他自己的一些直接下属在内的公司高级管理人员有责任向亚当斯提供支持，而不能否决其建议。布劳顿并没有犯寻求达成共识的常见错误，这种错误通常是行动的障碍。相反，布劳顿清楚地表示，改革决策过程的目标不是讨论是否要改变决策过程，而是怎样寻求各方支持，使决策过程的改革尽可能有效地发挥作用。

新的决策角色提供了基础，让公司可以在保持区域灵活性的同时，在全球层面上成功运作。公司决策的重点和效率在其业绩中得到充分体现：在决策过程得到改革之后，英美烟草集团连续十年保持高速发展，销售额、利润以及市场价值方面的增长都远远超过其竞争者。公司股票在英国股票市场上表现良好。英美烟草集团重新跃升为世界烟草行业巨头。

核心管理层与业务部门决策

做出好的决策，首要规则就是将公司合适层次的合适人选纳入决策过程中。对于英美烟草集团来说，要实现规模经济，就要将一些决策权从区域部门转移到全球业务管理者手中。在许多公司，同样也需要采取行动，在核心管理层同各个业务部门管理人员之间进行平衡。如果过多决策涌向核心管理层，他们将应接不暇。如果将不合适的决策提交给核心管理层，问题不同但性质同样严重。

公司往往因为发展而陷入这种困境中。中小规模的公司只需要一个管理团队，有时甚至是一个唯一的领导，就能够有效地做出所有重大决策。然而，当公司逐渐发展，其运作过程变得越来越复杂，高级管理人员就不可能再掌握针对每种业务做出决策所需要的细节了。

由于新 CEO 上任而引起管理风格上的变化，常常也会引起同样的麻烦。比如在一家英国大型零售公司，高级管理团队已习惯由公司创始人来做出所有重大决策。当公司创始人退位后，继任者开始在重大问题上寻求大家的共识，这让管理团队一下子不知所措，许多决策被搁置了。这种情况很常见，但是当公司发生变化时，决策权应该怎样改变，绝大多数管理团队和董事会都没有做出明确规定。

惠氏公司（Wyeth，当时叫作美国家庭用品公司 American Home Products）的这一问题在 2000 年年底的一次业务拓展机会中被凸显出来了。通过自身的发展、收购和伙伴合作，惠氏公司在医药领域形成了三方面的主要业务：生物制药、疫苗和传统药物。虽然每一个业务领域有不同的市场环境、运作要求和研究重点，但大部分重要决策还是由同一个高管团队做出的。"我们任用的是对所有事务都了解的通用型人才。"惠氏制药北美地区及全球业务总裁约瑟夫·M. 马哈迪（Joseph M. Mahady）表示："这是个信号，表明我们并没有使用最好的决策方法。"

当生物制药部门的管理人员发现一个重要却稍纵即逝的商机时，惠氏公司存在的这一问题就更加明显化了。这次商机主要是可在恩博（Enbrel）的生产和销售上占据领先地位。恩博是治疗类风湿关节炎的一种很有前途的药品。竞争者们也在开发同类药品，所以惠氏公司必须快速行动。这意味着要在爱尔兰都柏林的格兰奇城堡工业园（Grange Castle Business Park）建造新工厂以提高产能。

不论以何种标准来看，这个决定都是很复杂的。一旦得到批准，这个工厂将会是世界上最大的生物制药工厂，也将会成为惠氏公司

9

明智决策

迄今为止的最大一笔投资。然而，该药品的最大需求量是不易确定的。另外，惠氏公司计划同现属安进公司（Amgen）的厄姆尼克斯（Immunex）合作营销恩博。因此，在建造工厂的酝酿过程中，惠氏公司就需要把提高技术水平的要求、技术转让相关问题以及不确定的竞争环境等因素都考虑在内。

由于机构重叠，对决策的支持进展缓慢，高级管理人员对决策状况缺乏详细了解。考虑到机会稍纵即逝，惠氏快速行动，在六个月内顺利完成了格兰其城堡工业园项目的考察及实施。然而，在此过程中，惠氏制药的管理者们看到了更大的问题：公司需要建立一个新系统，将更多的决策权下放到业务部门，因为业务部门操作经验最丰富，只有那些需要公司高级管理人员提供支持的决定，比如营销战略和产能等，才需提交给核心管理层。

惠氏制药迅速地将很多决定的决策权交给了业务部门的管理人员，核心管理层只对格兰奇城堡工业园项目里一些相对敏感问题拥有否决权。但是，在这一投资决定做出后，恩博业务许多后续问题的决策权已经交给了惠氏制药的生物制药部门执行副总裁兼总经理卡万·雷德蒙（Cavan Redmond）和他的新管理团队。雷德蒙从生产部门、营销部门、预测部门、财务部门和研发部门的管理人员那里获得支持，迅速制订出复杂的计划，同厄姆尼克斯展开合作。同往常一样，执行决策的责任总是由业务部门来承担的。但是现在雷德蒙拥有他的团队的支持，同样有权制定重要决策。

格兰奇城堡工业园项目现在回报良好。恩博是治疗类风湿关节炎最著名的药物品牌之一，销售额在2005年上半年达到17亿美元。惠氏制药在决策运作方面的效率也上升了。

最近，美国食品及药物管理局（the U.S. Food and Drug Administration，以下简称FDA）授予另一种新药老虎霉素（Tygacil）优先审核权，因为这种抗生素对具有抗药性的感染依然有效。惠氏展现了它新的快速反应能力。为了使老虎霉素项目得以快速推进,公司必须采取一系列关键步骤——改进加工技术、整顿供应链、确保质量以及分派产能。核心领导层将重大决策下放了一到两个层级,交给专业技术部门。马哈迪表示:"我们的决策系统允许我们将决策权下放至部门或回收至核心管理层,并快速发展老虎霉素业务,而不是就要不要将产品放进我的店里进行辩论。"该药品于2005年6月获得FDA通过,三天之后就投入批量生产了。

跨职能决策

跨职能决策是公司所面临的一些最为重要的决策。事实上,跨职能合作已经成为经营发展的公理,是公司及其客户寻找正确答案的必要举措。但是,即使是公认在这方面做得很好的公司,比如丰田(Toyota)和戴尔(Dell),良好的跨职能决策依然是它们时常面临的挑战。举个例子,如果一个团队认为不咨询其他职能部门就做决定是更为有效的方式,它最终可能失去相关支持,或被另一个团队驳回,因为另一个团队,无论正确与否,相信它应该被纳入决策过程之中。许多最重要的跨职能决策,从本质上说,都是最难操作的,并且可能延长决策过程,引起不同职能部门之间的争论,导致代价高昂的优柔寡断。

这里的主要问题是,谁拥有决策权不明确。比如,一家全球汽车生产企业推出了新车型,却并没达到原定目标,并且由于销售额下降而付出了代价。原因是市场营销人员与产品开发人员不清楚应该由哪个职能部门来确定新车型的标准特征和颜色范围。当我们询问市场营销团队谁有权决定新车型的哪些特征是标准特征时,83%认为是市场

11

明智决策

营销部。同样的问题向产品开发人员提出，64%认为应该由他们来负责（见文后花絮栏《如何突破决策瓶颈》）。

在零售业中，要通过流畅的决策连接各职能部门，实际操作起来尤其困难。约翰刘易斯百货连锁公司是英国最大的百货连锁公司，人们通常认为它应该比其他零售商更善于应对此类挑战。史派登·刘易斯（Spedan Lewis）在20世纪早期创立了这家公司，是员工持股制度的创始人。管理层和员工之间联系紧密，这种联系存在于公司经营的各个方面。当这家公司成长为英国最大的员工股份制企业时，这种联系仍然是至关重要的。公司拥有员工59,600人，2004年的年收入达到50亿英镑。

然而，即使是在约翰刘易斯百货连锁公司这样一个拥有优良合作以及团队精神传统的公司里，跨部门决策仍然难以长期保持。以盐和胡椒调味瓶组为例。约翰刘易斯百货连锁公司以拥有最全的产品系列而自豪，店内销售近50种盐和胡椒调味瓶组，而绝大多数竞争者只有20种左右。公司采购团队认为，在每个价位和风格上提供少量畅销精选产品，既可以增加销售额，又可以降低产品复杂性。

约翰刘易斯百货连锁公司据此推出了新系列商品，然而销售量却下降了，这让采购人员感到困惑。他们到店铺实地考察，看到商品的陈列方式，才明白是怎么回事。采购人员在做出决策时，没有将销售人员充分纳入决策过程中。因此，销售人员并不了解新商品背后的战略。由于新系列商品种类有所减少，销售人员便将商品在货架上的陈列空间缩小了一半，而不是在同样的货架空间里陈列更多的同种商品。

要解决这个沟通问题，约翰刘易斯百货连锁公司需要明确决策角色。采购人员应该有权决定用多少货架空间来陈列各种商品。然而，当销售人员觉得货架陈列空间分配不合理时，也有权提出他们的顾虑，并要求进行新一轮的磋商。他们也负责商店中的商品陈列。当沟通问题得以解决，陈列空间也恢复以后，盐和胡椒调味瓶组销量上涨，远远超过原来的水平。

让盐和胡椒调味瓶组的采购与销售部门在决策过程中进行合作相对容易；要将这种合作推广到整个公司则更具挑战性。盐和胡椒调味瓶组只是约翰刘易斯店里数百种商品中的一种。而跨职能决策瓶颈不易突破的原因之一，就是商品种类繁多。不同职能部门有不同的激励机制和业务目标，而这些机制和目标经常是互相冲突的。当两个部门间出现矛盾时，将决策权交给任一职能部门都可能是有道理的，比如采购部门、销售部门、市场营销部门或者产品研发部门。

同其他时候一样，此时需要客观思考价值来源，并据此分配决策权。突破跨职能决策的瓶颈，实际上与决策权在不同部门间的转移没有多少关系，倒是要更多地让拥有相关信息的人共享决策权。当然，决策者很重要，但更重要的是设计一个体系协调决策过程，并将这一体系纳入公司日常运作中。

公司内部与外部合作伙伴决策

公司内部的决策问题已经很棘手了，要使位于不同大洲的不同机构共同做出决策更是难上加难。即便是最佳战略，有时也很难得到施展。希望通过外包业务获取成本及质量优势的公司，将面临这样的挑战：哪些决策应由公司内部做出？哪些应该交由外包合作伙伴代理？

这些问题也存在于战略伙伴之间。比如，一个国际银行可能同一家 IT 公司就系统开发项目进行合作。或者，一家媒体公司从一个工作室购买内容。通过特许经营发展部分业务的公司也会面临这个问题。对于谁应该拥有决策权这个问题，并没有正确答案。但是，如果认为

13

明智决策

合同规定能解决所有问题，这种看法是不对的。

一家总部位于美国的户外设备公司最近就发现了这个问题。公司决定扩大户外煤气取暖器的生产规模以满足低端市场需求。此前，该公司在中国制造高端产品，有一些成功经验。但是，随着沃尔玛（Wal-Mart）、塔吉特百货（Target）以及家得宝公司（Home Depot）等大型折扣店的出现，公司认识到必须将更多的生产移至海外，以向这些零售商提供成本较低的商品。时间紧迫，不容出现错误。2004年4月和6月，公司已开始着手装备工厂，为圣诞节的到来做准备。

不久，问题出现了。虽然中方合作伙伴对成本问题非常了解，但他们对美国消费者的需求却一无所知。按照美国总部给出的设计方案，产品造价不低；然而设计到达中国工厂时，中方负责人为达到合同规定的低成本目标，对设计做了一些改动。他们使用会褪色的低档原材料；为制作方便改变了开关位置，这样使用起来就不方便了；制作某些零件时，不是使用完整的铸件，而是将不同铸件焊接起来，影响了外观。

要解决这些问题，美方高管必须就决策权做出明确规定。公司将设计和生产过程分成五步，分析在每一步里决策是如何做出的。对于产品规格和制造商的生产活动，公司也有了更加明确的规定。目标不仅仅是简单地明确决策角色，而是确保决策角色直接与业务价值来源相关联。如果做出的决定会影响成品的外观和使用，公司总部则会叫停。但是如果对消费者的感受没有影响，这样的决定可以由中方合作伙伴做出。举个例子，如果中方工程师发现了一种更经济实惠的原材料，并且不影响产品的外观、手感和性能，他们则可以自行决定进行调整。

为了帮助进行这样的体制转变，公司派出专门的工程师团队到中国，以确保产品设计规格准确传达给中方伙伴。如果某些问题提交总部过于复杂又耗费时间，该团队可以直接做出决策。总部营销部门管理人员要求,消费者在家组装好一件产品的时间应在十分钟左右,最多不超过六个步骤。公司派往中国的工程师将同中国制造团队一起,为达到这个要求提供支持,并对这一要求的执行负责。决策权最终属于公司总部,总部提出的要求也成为产品设计需要考虑的重要因素。然而,物流方面则是在中国的工程师团队应该考虑的问题:怎样包装取暖器才能让一个集装箱多容纳三分之一的产品?这将大幅度降低运输费用。

当管理人员突然意识到他们不再需要花费大量时间参加不必要的会议时,这是一个早期信号,表示公司的决策体系已经有所改善。当会议进行时,如果每个与会者都清楚谁应该负责提供有价值的支持,谁应该拥有决策权,那么组织的决策效率将会大大提高。

当然,要将一个决策方面有问题的组织转变为一个由决策驱动的组织,没有哪种单一的方法可以实现,也没有一个蓝图可以解决一个公司注定会遇到的所有意外事件和业务转变。最成功的公司使用简单工具帮助它们发现潜在的瓶颈,在每次商业环境变化时都全面考虑决策角色以及责任。这是不容易的,而竞争者想要效仿也更加困难。然而,只要通过切实有效的措施,每个公司都能够从下一个决定开始提高自身效率。

决策入门

好的决策取决于明确具体的决策角色。听起来很简单,但是在很多公司里,认为自己对决策负有责任的人要么太多,要么没有,给公司带来很多问题。RAPID以及其他一些用于分析决策过程的工具给高级管理团队提供了方法,以分配决策角色,将相关人士纳入决策过程之中。关键是清楚谁提供

明智决策

支持、谁做出决策以及谁最终完成决策。

RAPID 中的五个字母分别代表了五个关键的决策角色：建议，同意，执行，支持，决策。你将看到，这些角色并不是按照这个顺序——进行的，这样排列只是方便让首字母组成一个有意义的词。

建议：承担建议职责的人负责提出计划、获得支持并提供正确的数据和分析，以便及时做出正确的决策。在形成计划的过程中，要征询提供支持者的意见，不只是聆听并参考他们的意见，还要在过程中寻求支持。提出建议者必须具备分析技能、常识和组织才能。

同意：这个决策角色对提出的建议拥有同意或者否决的权力。否决权的实施将会引发否决者和提议者之间的讨论，使提出的计划得到修改。如果讨论时间过长，或者双方始终不能达成共识，他们可以将问题提交拥有决策权的人来决定。

支持：在做出决策时要征求提供支持者的意见，因为他们将会参与决策执行的过程。因此提出建议者需要认真对待他们的建议。支持是不具约束力的，但这并不影响它的重要性。如果没有将合适的人纳入决策过程并受到激励，决策在实施过程中受到的阻碍将会大大增多。

决策：拥有决策权的人是正式的决策制定者。无论好坏，他或她将最终为决策负责，并有权在决策过程中处理僵局，带动整个组织采取行动。

执行：决定一旦做出，将会由个人或团队来负责实施。某些情况下，执行决策者与提出计划者是同一组人。

写下决策角色，明确他们在决策过程中的责任是非常关键的步骤。但是好的决策制定还需要正确的过程。规矩过多会让决策过程不堪重负。最有效的决策过程是建立在具体情况之上的,但必要时也应易于调整。

如果决策过程减慢,问题通常出现在三个方面。首先,决策权分配不明。如果在某个决定上认为自己拥有决策权的人不止一个,那么这个决定则会陷入一场拉锯战中。相反情况也同样糟糕:如果没有人对关键问题负责,业务将受损。第二,拥有否决权的人如果过多,会让提出建议者为难。如果公司里同意建议者过多,表示管理层并没有将决策权在整个组织内充分下放。第三,如果提供支持者过多,表明至少他们中的某些人所提供的支持是没有意义的。

如何突破决策瓶颈

在我们调查的一家汽车制造公司里,市场营销人员和产品开发人员对于谁应该对新产品拥有决策权感到困惑。

我们问:"谁有权决定新车型的哪些特征是标准特征?"

64% 的产品开发人员说:"我们有。"

83% 的市场营销人员说:"我们有。"

我们问:"谁有权决定新产品颜色?"

77% 的产品开发人员说:"我们有。"

61% 的市场营销人员说:"我们有。"

意料之中,新产品的推出因此而推迟。

决策驱动的组织

一个高效运作的组织,最明显的特征就是拥有做出良好决策并迅速将之贯彻实施的能力。取得成功的公司通常遵循以下几个原则。

一些决策比其他决策更重要。对创造价值起关键作用的

17

明智决策

决策是最重要的决策。其中有些是大的战略性决策，而有些关键性的日常运作决策与战略性决策同样重要，其对有效执行也是重要的。

行动就是目的。好的决策并不停止于决策的制定，执行也很关键。达成共识不应成为最终目标，它有时反而成为行动的阻碍，重要的是获得支持。

不能模糊不清。权责清晰，至关重要：谁提供支持，谁做决策，谁负责执行。如果权责不清，很有可能出现僵局或使决策延迟。权责清晰并不一定是指将权力集中在少数人身上，而是分清谁负责制定决策，谁负责提供支持，谁负责执行决策。

速度和适应性至关重要。能够快速做出良好决策的公司运作效率更高，这可以让它们更好地抓住机会并解决困难。最好的决策制定者创造环境，迅速有效地将人们集中起来做出最重要的决策。

决策角色比组织结构图表更重要。没有一个决策过程完全适合所有决策。关键是要在合适的时间将处于公司合适部门合适层次的合适人选纳入到决策过程之中。

协调良好的组织有助于决策角色的执行。明确决策角色很重要，但这还不够。如果组织并没有通过衡量标准、激励措施、信息流和公司文化来制定决策的正确方法，就无法将决策角色纳入公司的日常运作体系。

实践胜于说教。把即将承担新决策角色的人纳入决策体系的设计中。思考新决策行为的过程具有激励作用，鼓励人们采用这些行为。

决策诊断

回忆一下你最近参与制定的三个重要决策，回答以下问题：

1. 这些决策正确吗？

2. 决策速度合适吗？

3. 决策执行得好吗？

4. 是否将合适的人以合适的方式纳入决策过程中了？

5. 在每个决策中，是否清楚谁提供建议，谁提供支持，谁最终决策，谁负责后续工作？

6. 决策角色、决策过程和时间安排得到遵循了吗？

7. 决策是根据合理事实做出的吗？

8. 当不同事实或看法出现时，是否清楚该由谁做出决策？

9. 决策制定者是否处于公司的合适层次？

10. 组织的衡量标准和激励措施能鼓励相关人员做出正确决策吗？

本文最初发表于 2006 年 1 月

再版版权号 R0601D

循证管理

杰弗里·普费弗（Jeffrey Pfeffer）
罗伯特·萨顿（Robert I. Sutton）

概要

　　大多数时候，管理人员通过以下途径来寻找治疗组织疾患的办法：在学校学到的陈旧知识、长期沿用但未经证明的传统、从经验得来的方法、正巧掌握的技巧以及供应商所提供的信息。他们可以从循证医学的医务工作者身上学到一些东西。循证医学在过去的十年里已在医学界扎下了根。越来越多的医生选择避开常用但有缺陷的做法，确认、宣传并实行已进行过充分临床应用的研究。现在，管理人员也应该这么做了。

　　很简单，挑战就是根据最新最好最有效的知识做出决策。从某些方面看，要在工商界做到这点比在医学界更难。在工商界，证据更加难以收集；几乎人人都能（许多人也这样做了）宣称自己是管理专家；并且各种资源都能被人们引

明智决策

用来提出管理建议，比如莎士比亚（Shakespeare）、葛培理
（Billy Graham）、杰克·韦尔奇（Jock Welch）以及匈奴王阿
蒂拉（Attila the Hun）。但是有一点是肯定的，即当管理人员
依据更好的逻辑和证据行事时，他们的公司将在竞争中胜出。

像医学界一样，管理之道是从实践和经验中习得的。但
是管理人员（像医生一样）通过大力收集新的知识和提升洞
察力，不管是从公司内部还是公司外部，还是能够更有效地
进行管理并不断更新他们的设想、技能和知识的。

过去十年间，一种大胆的新思维已在医学界扎下了根：医疗护理
方面的决策都应该根据最新最好最有效的知识做出。戴维·萨基特博
士（Dr. David Sackett）是同循证医学交往最密切的人，他将该词定
义为："认真、明智且明确地使用目前最好的证据，对病人的个别护理
方式做出决策。"萨基特和他在加拿大安大略省麦克马斯特大学里的同
事们，还有越来越多的医生们都投身到这一运动中来了，他们致力于
确认、宣传，最重要的是实行已进行过充分临床应用的研究。

如果你觉得这听起来很可笑——是啊，除了证据，还有什么会引
导人们做出医疗上的决策呢？——那么，你对传统上医生如何行医实
在是太无知了。是的，每年有成千上万关于医疗和医药产品的研究。
遗憾的是，其中的大部分医生都不采用。最近有研究表明，医生们做
出的决策中，只有15%是有证可循的。大部分时间，医生们根据以下
情况做出判断：从学校学到的陈旧知识、长期沿用但未经证明的传统、
通过经验得来的方法、他们信得过也用得最熟练的方法，以及众多产
品和服务供应商所提供的信息。

在寻求治疗组织疾患的办法时，管理人员也会做同样的事情。其
实，我们要说，在关于哪些方法比较可靠的问题上，管理人员实际上比
医生知道得更少，并且他们也不急于去寻找答案。如果医生像许多公司

进行管理那样来治疗病人的话，会造成更多病人不必要的生病和死亡，那么许多医生就会因为失职而锒铛入狱，或受到其他形式的惩罚。

在管理层展开一场循证运动的时候到了。我们必须承认，从某些方面来看，这将比在医学领域开展循证运动更加困难。（见本文后附录《是什么让循证举步维艰？》）在工商界，证据更加难以收集；几乎人人都能（并且经常如此）宣称自己是管理专家；并且各种杂乱无序的资源都能被人们引用来提出管理建议，比如莎士比亚、葛培理、杰克·韦尔奇、托尼·索布拉诺（Tony Soprano）、战斗机飞行员、圣诞老人（Santa Claus）以及匈奴王阿蒂拉。要寻找最好的证据，管理人员也会面临比医生更多的烦恼：因为和人体相比，不同公司在规模、形式和经营年限方面差异很大。在工商界的某些领域中被证实可行的方法，要认定其可供在其他领域同样适用，是更具风险的。

但是有一点是肯定的，即当管理人员依据更好的逻辑和证据行事时，他们的公司将会在竞争中胜出。这就是为什么我们将我们的整个研究生涯，特别是最近五年的时间，都用于不断提出并呈现改善公司管理的最佳证据上，让管理人员以正确的心态和方法实践循证管理。像医学界一样，管理之道是从实践和经验中习得的。通过在公司内部和外部大力收集新知识，提升洞察力，并且不断更新他们的设想、知识及技能，我们相信管理人员（像医生一样）能够更有效地进行管理。我们还没有实现这个目标，但正在逐步靠近。那些最接近这个目标的管理人员和公司已经享有了很大的竞争优势。

什么取代了智慧

如果一位医生或一位管理人员没有根据目前有效的最好证据进行

明智决策

决策，那该怪谁呢？你可能会想到一些最坏的词，比如愚蠢、懒惰或者彻头彻尾的欺骗。但是真正的答案却是比较温和的。经验丰富的医务工作者有时候会忽略寻找新证据，因为他们更相信自己的临床经验，而不大相信研究。大多数医务工作者承认，基于个人观察的小规模样本存在一些问题。然而，他们通常会觉得自己亲手获取的第一手信息比一篇期刊文章里的语言或数据更丰富、更真实。同样，许多管理人员没有经过深思熟虑便引进过去经验中的效益管理和衡量办法，将公司带入困境。我们在一家小型软件公司看到了这样的情况。薪酬委员会主席是一个成功且聪明的管理者。他向公司推荐了他在上一家公司推行的薪酬政策。事实上，这两个公司在规模、产品种类、发行办法以及目标市场和客户群体方面都相差甚远。主席或他的许多委员会成员似乎并没有觉得这有什么不妥。

另一种替代使用证据的做法是利用医务工作者自身的能力来做决策。对专家来说这个问题尤其明显，他们默认自己用得最得心应手的治疗方法。外科医生在这方面可谓名声在外。（医生兼作家梅尔文·康纳 (Melvin Konner) 引用了一个在他的同事里广为流传的笑话：如果你想做个外科手术，只要问问外科医生你是不是需要做就行了。）与此相似，如果你的业务需要加大宣传力度，活动策划人可能会推荐一个媒体活动，而直销人员则可能提出邮寄广告。有一句老话通常可以用来解释这个问题："对于锤子，所有东西都像钉子。"

当然，对于哪些信息会传到忙碌的医务工作者耳中，产品的夸大宣传和市场营销也起到了一定的作用。医生们面对无数经销商，他们夸大使用其药物和产品的好处，掩饰风险，把水搅混。同时，一些真正有效的方法背后却没有支持者。多年来，一般医生都让跖疣患者接受昂贵且疼痛的专家手术治疗。只是在最近才有消息指出，用布基胶带（duct tape）也能很好地治疗这种病。

无数其他决定是由呆板教条和信仰推动做出的。当人们过分受到

24

思想认识影响时，他们通常不会质疑现在的做法是否有用，因为他们"知道"这一做法能保持员工积极性，推动机构运作。在工商界，股票期权是一种薪酬战略，人们使用它并为之辩护恰恰是一个典型案例，表明人们所珍视的信仰如何成功地取代证据，造成了对组织的损害。许多管理者坚持认为，股票期权创造了业主文化，鼓励员工每周工作80小时，为公司省钱，并做出一系列个人牺牲为公司创造价值。美国赛普拉斯半导体有限公司（Cypress Semiconductor）首席执行官罗杰斯 (T. J. Rodgers) 是这种心态的典型代表。罗杰斯曾对《旧金山纪事报》(San Francisco Chronicle) 说，如果没有股票期权，"我的员工就不会是股东，而仅仅是雇员。"事实上，基本没有证据表明，任何形式的股权激励措施，包括股票期权，能够提高企业绩效。最近，印地安纳大学（Indiana University）的丹·道尔顿（Dan R. Dalton）和他的同事们审阅了220项相关的研究，结论表明，股权所有制与公司的财务绩效之间并没有一致性 。

　　人们对"先下手为强"这种毫无根据的论断的坚信也应受到责备。沃顿商学院（Wharton）的莉萨·博尔顿（Lisa Bolton）的调查表明，无论是商界老手还是初出茅庐之辈，大多数人都相信第一个进入某行业或某市场的公司将会比其竞争者拥有更多的优势。然而，对于是否存在这样的优势，正反两方面的经验证据都有，并且许多传说中的支持这一认识的"成功故事"最后都被证明是假的。（比如亚马逊网上书店并不是第一家开始网上售书业务的网站。）在西方文化里，人们相信"早起的鸟儿有虫吃"，但这并不完全属实。正如未来学家保罗·沙弗（Paul Saffo）所说，得到奶酪的，往往是第二只（第三只或第四只）老鼠。遗憾的是，人们对于"先下手为强"这一认识如此执著，即使面对相反的证据也不肯放弃。信仰如果植根于思想认识或文化价值，将会非常棘手。无论是否属实，它们都会抵制否定，持续影响我们的判断和选择。

明智决策

　　最后一点，是不加评判的盲目模仿，这在工商界叫作"随意的标杆管理"。医生和管理人员都会视他们各自领域中公认的表现优秀者为榜样，并模仿他们的一举一动。我们并不是完全不赞同标杆管理，它可以是一种非常有力且成本效益高的工具。（见本文后附录《标杆管理能够提供证据支持吗？》）但重要的是要记住，如果只是单纯模仿其他个人或公司的行为，最理想的情况也只不过是成为一个完美的复制品。其最高期望是能做得和业绩最优者一样好，却不可能比他们更好。并且在你模仿他们的时候，他们已经又有新的进步了。这不一定是件坏事，因为通过学习业内外经验，可以节约很多时间和金钱。如果可以始终坚持执行最佳实践，并且做得比对手好，就可以在竞争中获胜。

　　然而，当标杆管理只是以"随意"的方式进行时，模仿者并不清楚业绩最优者行为背后起作用的逻辑，也不清楚它为什么能起作用，或者在其他场合下哪些行动会起作用。这种标杆管理对于组织的健康则是最危险的。举个例子。当联合航空公司（United Airlines）于1994年决定在加利福尼亚市场同西南航空公司（Southwest）进行竞争时他们决定效仿其做法，联合航空公司推出了一项新业务——拥有独立机组成员和飞机（全是波音737飞机）的"联合穿梭"（Shuttle by United）。登机口工作人员和机上空服人员均着便装，不向乘客提供食物。为了模仿西南航空传奇般的快速回程和高效运作，"联合穿梭"增加航班班次，缩短飞机在地面的预定停留时间。然而，这些举措都没能再现西南航空公司的核心优势——企业文化、管理哲学以及以员工为重。在联合航空公司推出新业务后，西南航空公司在加利福尼亚的市场份额反而上升了。现在"联合穿梭"业务已经停止。

　　在上文中，我们至少指出了六种偏见，这些偏见是管理人员像医生们一样，通常用来代替最佳证据的。它们包括：陈旧知识、个人经验、专业技能、夸大宣传、呆板教条以及对业绩最优者的盲目模仿。很显然，这就是在决策过程中很少用到证据支持的原因所在。同时应该明确一点，依赖以上六种方法中的哪一种，都不是在多种实践中考虑并做出决策的最好方法。我们将马上描述循证管理是怎样在一些我们看到的实践这一方法的公司里成形的。但是首先要举一个例子，讲讲公司通过最佳证据可以解决怎样的问题，这是很有用的。

案例：我们应当强制排名吗？

牛津循证医学中心 (Oxford's Center for Evidence-Based Medicine) 的决策过程始于关键的一步：医务工作者遇到的情况必须是可以回答的。这指明了应该怎样收集相关证据。所以在这里我们提出一个近年来许多公司都遇到过的问题：我们应当在员工中强制排名吗？在通用电气公司（General Electric），强制排名有一个更加正式的名字——强制曲线业绩排名系统。这是一种人才管理方法，将每个人的业绩水平绘制在一条钟形曲线上。根据员工在曲线上的位置将他们分为三类，排名前20%为 A 级员工，公司给予额外奖赏；中间70%为 B 级员工，公司将持续关注他们今后的业务发展状况；最后面的10%为 C 级员工，公司将会对他们提出告诫或解雇他们。

毫无疑问，在进行标杆管理时，许多公司都提出了这个问题。通用电气公司的财务状况良好，拥有大批星级员工。许多在通用电气公司工作过的员工最后都成了很多大公司的首席执行官，包括3M 公司、波音公司（Boeing）、直觉公司（Intuit）、霍尼韦尔公司（Honeywell）和家得宝公司（Home Depot）。将大部分奖赏给予少数星级员工，这种方法的作用在商务出版物中完全被夸大了，比如麦肯锡公司（McKinsey）撰写的著作《人才争夺战》（The War for Talent）。但这种方法是否值得模仿还很不清楚。我们这样说并不只是因为在《人才争夺战》中，声名狼藉的安然公司（Enron）因使用这种方法而备受称赞。几年前，我们中有人在一家使用强制排名方法（该公司将其称为"分层系统"）的高科技公司做过演讲。这家著名的公司正在慢慢衰退。一位高级管理人员告诉我们，公司约100

明智决策

位高级管理人员进行过一次匿名投票，为的是发现哪种公司行为阻碍了知识转化为行动。投票结果是，这一"分层系统"是最差公司行为。

循证管理会不会阻止这家公司采用这么不得人心的系统呢？我们相信，会的。首先，管理人员会立刻提出疑问，这家公司是否在各方面都与通用电气公司相似，使得其舶来的方法可以在该公司取得同样的效果。其次，管理人员将不得不更加认真地审查那些所谓支持强制排名的数据——那些宣称这种人才管理方法可以使拥护者更加成功的说法。举个例子，他们可能会在《人才争夺战》的研究方法中发现一个关键错误：作者在附录中提到，根据各公司在过去3—10年的股东回报，首先将公司业绩评为优秀或中等；然后通过采访和调查来衡量这些公司是怎样展开人才争夺战的。这样，有77家公司（共有141家公司进入研究）1997年的管理实践被当作了公司1987年到1997年之间业绩产生的"原因"。因此，这项研究违反了因果关系的一个最基本的条件：提出的原因必须出现在结果"之前"。

其次，管理层将会收集更多证据，权衡利弊。通过这一做法，他们将得到大量证明业绩改善是与团队的延续性和在职时间相联系的证据。这两点避免了可称为"评级与封杀"（rank and yank）方法的干扰。美国国家女子足球队（U.S. Women's National Soccer Team）赢得无数冠军头衔，包括迄今为止四届女子世界杯中的两届，三届奥林匹克女子锦标赛中的两届。当然，这支队伍有很多才华横溢的队员，比如米娅·哈姆（Mia Hamm）、布兰迪·查斯顿（Brandi Chastain）、朱莉·福迪（Julie Foudy）、克里斯汀·莉莉（Kristine Lilly）和乔伊·福西特（Joy Fawcett）。但是所有队员都会告诉你，他们成功的最大秘诀是交流、相互理解和尊重以及团队合作，这些是稳定的核心团队通过约13年的合作形成的。这种团队力量随处可见，从弦乐四重奏乐团到外科手术团队，从公司高级管理团队到飞行员团队。

如果那家高科技公司的管理人员查阅过这些最佳证据，他们也会发现，虽然强制排名方法的标志就是把绝大部分奖赏给表现最佳者，但在需要合作的工作中（该公司几乎所有工作都需要合作），收入最高与收入最低员工之间薪资差距如果过大，公司业绩就会受影响。通过哈斯商学院（Hass School of Business）对102个业务部门的一项调查，道格拉斯·考赫德（Douglas Cowherd）和大卫·莱文（David Levine）发现，高级管理层和普通员工的薪资差距越大，产品质量就越低。在对高级管理团队、大学和将近500家上市公司的纵向研究中，也发现了这种由薪资差距引起的相似的负面效应。最近，革新集团咨询公司（Novations Group）对超过200名的人力资源专业人士进行了调查，他们任职于员工人数超过2,500人的大公司。虽然这些公司半数以上都采用强制排名方法，但受访者却表示，这一方法降低生产效率，引起不公平，引发怀疑，降低员工参与度，影响合作，损害士气，并且让员工对领导层产生不信任感。我们可以看到许多顾问和管理大师大肆宣扬薪资差距的好处，但在合作、协作和信息共享对业绩至关重要的场合里，我们却找不到一个细致的研究来支持这一差距带来的价值。

在职业运动领域，我们甚至也可以看到薪资差距过大带来的负面效应。对棒球队的研究尤为有趣，因为在所有主要的职业运动中，棒球对于队员间协作的要求是最少的。但棒球也需要一定的合作，比如投手和捕手之间，以及内野手之间的合作。虽然是单人击球，但队友之间可以互相帮助以提高技能，共同度过低潮期。圣母大学（Notre Dame）的马特·布鲁姆（Matt Bloom）耗时八年，对来自29个球队的1500名职业棒球选手做了仔细调查。结果表明，团队队员的薪资差距越大，赢得比赛的几率、门票收入和媒体收入就会越低。

最后，证据收集呈现出的数据显示，普通球员可以表现异常优异，而最佳球员也会失误，这取决于他们所在的团队。对汽车行业超过15

明智决策

年的研究提供了确凿的证据，表明团队力量大于个人。沃顿商学院的约翰·保罗·麦克达菲（John Paul MacDuffie）把对世界上各家汽车厂的定量研究同深度案例调查相结合，试图弄明白为什么有些工厂比其他工厂效率高。马克杜菲发现，小型或灵活性生产系统强调团队合作、专业培训和岗位轮换，而并不强调员工之间的差异，这样的系统可以以较低的成本生产高质量的汽车。

拥有循证管理人员

如果领导者了解并运用最佳证据，各类组织可以运行得更好。相信这一点是一回事，付诸实践则是另外一回事。我们了解管理人员工作的困难，迫切需要做出决策，信息不完全，甚至最好的管理者也会犯许多错误，并且经常受到公司内外人士的批评和质疑。在这方面，管理人员就像不断面临抉择的医生，他们不可能每次都做出正确选择。著名的希腊人希波克拉底（Hippocrates）写下的医生誓词很好地描述了这种状况："生命短暂，医术绵长，机会易逝，实验危险，判断困难。"

实践循证医学的教学医院通过提供培训、技术和工作实践来尽力克服困难，让医生们将最好的研究结果应用于临床实践。工商界也应如此。但关键是要了解，同循证医学一样，实践循证管理所需的特殊心态同许多管理人员和公司的现有做法相矛盾。人们对信念和常识常常是一知半解，因而是危险的。要实践循证管理，就要有意愿将这些一知半解置于一旁，用不懈的努力来收集必要事实，在充分了解情况的基础上做出明智的决策。

一位组织的领导者，通过一些反映这种心态的简单行为就可以立即开始培养循证的习惯。每当员工提出一项变革建议，就要求他们提供变革有效性的证据，人们就会端正态度并对此留意。如果你花时间分析证据背后的逻辑，这样人们就会在思考时更有自觉性。你应将这个组织视作一个未完工的模型，鼓励员工实施测试项目、开展试点研究并进行实验。从这些活动中获取知识，即使试验不成功，员工也应受到奖赏。做到以上几点，你的组织就将开始建立它自己的证据库。在运用最佳知识的同时始终坚持学习，并期望所有员工都这样做。如果你拥有这种"明智的态度"，那么，你将会从这种"启蒙尝试和错误"以及随之而来的学习中获益，整个公司也会从循证管理中受益。

要求证据

为了给循证管理定一个基调，我们访问了几位高级管理人员，包括达维塔（DaVita）公司首席执行官肯特·西里（Kent Thiry）。该公司总部位于加利福尼亚埃尔塞贡多（California El Segundo），经营价值20亿元的肾脏透析中心。1999年10月西里加入该公司时，公司拖欠银行贷款，几乎发不出员工工资，濒临破产。公司努力进行挽回，绝大部分时间是开展对各中心主管的教育。主管中绝大部分是护士，公司指导他们根据数据做出决策。

为确保公司获得必要信息来评估它的经营活动，高级管理团队和公司首席技术官哈伦·克利文（Harlan Cleaver）不遗余力地进行系统建设和完善，这些系统帮助各层级的管理者了解他们取得的进展。西里的座右铭中有这么一句："没有浮夸，只有事实。"在一次由全公司400名一线员工参加的达维塔学院会议上，西里通过大量详尽的定量

明智决策

比较，宣布该公司在全行业中拥有最佳疗效。

注重护理质量是该公司文化中很重要的一部分。为了强化这种价值观，管理人员在作报告和召开会议时，总是首先通报关于透析治疗有效性和患者健康状况的数据。各中心主管每个月都会收到一份长达八页的报告，提供护理质量的多种衡量方法，这些方法都记录在一本名为《达维塔质量指标》中。这种对证据的重视同样延伸到了管理中。管理者得到有关经营活动的信息，包括每天的治疗状况、员工留任情况、高额自费病人的留置状况以及一些资源利用指标，比如治疗用时和可控开支。

关于这些月度报告，最有趣的是那些还不在报告里的内容。达维塔首席运营官乔·梅罗（Joe Mello）解释说，如果某个数量标准被认为很重要，但公司现在没有足够的能力收集相关数据，这一数量标准也会被放入报告里，注明"现不可行"。梅罗表示，这些还没被采纳的重要数量标准如果一再被提及，则有助于激励公司找出收集那些信息的办法。

达维塔公司的成功可以归功于在许多方面的良好运作，比如员工自愿离职率降低了50%，公司拥有全行业最佳护理质量以及优异的财务情况。但是，在重视讲真话摆事实的公司文化影响下，对于循证决策的重视当然功不可没。

考察逻辑

在有建议提出时，如果只是简单地进行一些支持某项建议的调查，是不足以推动一个组织采用循证管理的，特别是考虑到所谓的商务调查存在种种弊端。管理人员或者咨询顾问在处理案例时，要密切注意阐述、逻辑和推论之间的空白。（见本文后附录《你是问题的一部分吗？》）这尤其重要，因为在管理方面的研究中，有些研究使用公司内部调查或数据，将公司实践同各种业绩相联系，这类研究比实验常见多了。这类"非实验性研究"有其作用，但必须要留心考察研究设计背后的逻辑并掌握数据，以应对出现其他可能的情况。而即便是在最好的研究中，也会出现其他可能。采用这类研究结果的管理人员应该注意，这类研究有其局限性，应该批判地看待这些调查结果。

当公司员工看到高级管理人员花费时间和精力分析员工提出的政策、实践或解决问题方案的基础方面的建议，也就是他们的潜在设想时，他们便会吸收一种新的文化习惯。好的领导者会避免表现得对员工的工作吹毛求疵；他们利用团队的集体智慧和经验来探讨这些提议是否明智。他们会问："如果这个想法或做法得以执行，对公司和员工会产生怎样的影响？这对我们公司是否合适？"

咨询顾问的言辞可能更要大打折扣了。令人吃惊的是，这些商务知识的提供者经常被人愚弄，他们也经常试图愚弄客户。举个例子，我们认为贝恩公司（Bain & Company）是家不错的公司，拥有良好的调查研究能力。但让我们感到好奇的是，该公司网站主页上也会出现一栏浮夸吹嘘的广告：本公司客户业绩卓越，是市场平均水平的四倍（几年前上面写的是三倍）。贝恩聪明的员工们当然知道，这种相关性并不能证明，是他们的建议让客户转变成为行业翘楚的。最简单的解释是，行业翘楚有足够的资金聘用顾问。事实上，贝恩真的给客户带来这样的业绩吗？很明显，至少截止到2005年秋天为止，这种说法在该公司的网站上找不到任何证据支持。也许公司希望网站访问者可以暂时忘记他们在统计学课程中学到的知识！

明智决策

将组织视作一个未完工的模型

针对某些具体业务中的具体问题，最佳证据只能在公司总部找到，也就是在公司的内部数据和经验中找到，而不是从学者们宽泛的研究里找。想要实践循证管理的公司应该养成习惯，实施测试项目，开展试点研究，进行小规模实验，并思考可以从中得出的推论。正如哈拉斯娱乐公司（Harrah's）首席执行官加里·拉夫曼（Gary Loveman）所做的那样。拉夫曼向我们开玩笑说，如果想要被哈拉斯解雇，有三种方法：偷窃、骚扰女员工或在没有经过实验的情况下发起一个项目。如你所料，哈拉斯在市场营销方面的实验是最多最出名的，公司记录客户行为和客户对促销活动的反应，并充分利用这些数据。哈佛大学的拉吉夫·拉尔（Rajiv Lal）在一个教学案例中提到了一项实验。哈拉斯给参照小组提供价值125美元的促销礼包（包括一个房间、两份牛排以及价值30美元的赌场筹码）；给实验小组提供仅价值60美元的赌场筹码。然而，比起125美元的促销礼包，60美元的筹码给赌场带来的收入更多，并且成本也相对较低。拉夫曼希望在所有业务中都能看到类似实验，而不仅仅只在市场营销方面。通过实验，公司证明用于员工选拔和留任方面的资金（包括提供真实工作预览、加强培训、支持前沿监控）能够降低员工离职率，提高员工参与度，使员工更加尽职尽责。哈拉斯成功地将员工离职率降低了50%。

与之相似，易趣网（eBay）首席执行官梅格·惠特曼（Meg Whitman）将公司成功的原因归因于管理层花了更多时间试验可行的方法而不是做战略分析。2005年3月，惠特曼表示："这是一个全新的业务，所以我们能做的分析并不多。"惠特曼建议："最好直接采取行动，观察人们的反应，并根据反应进行调整。你可以在实验室里花六个月时间让计划更完美。但是，只需要六天的实践、反馈和调整，我们就能取得更好的效果。"

将公司主页视作未完工的模型，雅虎（Yahoo）在这一点上尤为系统化。公司首席数据官尤萨马·菲亚德（Usama Fayyad）表示，公司主页每小时拥有数百万点击量，所以雅虎可以进行严谨的实验，在一小时以内就能看到结果。比如，随机分配几十万访问者作为实验小组，另外几百万作为参照小组。改变网站风格，比如页面颜色、广告位置、文档和按钮位置等，基本随时都有20个左右这样的实验在雅虎进行。实验虽小，但却有巨大的影响力。比如，数据挖掘研究者尼汀·沙尔马（Nitin Sharma）所做的一个实验显示，仅仅是将搜索框从旁边移到页面中间，就能增加点击量，每年给公司带来数百万美元的额外广告收入。

公司员工倾向于一边倒，这是想要通过实验提高管理的一大障碍。如果首席执行官支持某一做法，那么每个人都会支持或者至少宣称支持；否则就根本没人去尝试这种做法。这种要么都支持要么完全不支持的趋势严重限制了公司的学习能力。在诸如餐厅、宾馆以及生产企业这样的场所分布广泛的组织，可以通过实验改善管理，比如选定某些分店作为实验对象，并与参照店相比较。麦当劳餐厅（McDonald's）、7-11便利店（7-Eleven convenience store）、惠普公司（Hewlett-Packard）以及英特尔公司（Intel）就做了这样的实地实验，选定一些部门加以改变，以测试员工对于这些改变的反应，比如不同的激励措施、不同的技术、更加有趣的工作内容以及员工对开放式或封闭式办公室的态度，甚至会测试员工对于详尽和温和（同笼统和冷淡相对）的减薪理由会做何反应。

明智决策

拥抱智慧的态度

要从循证管理中受益,与一个统一的行动纲领相比更重要的是——人们对商务知识的态度。早在柏拉图(Plato)时代或者更早,人们便已经认识到真正的智慧不仅仅来自于知识的积累,更来自于对广大神秘未知知识领域的敬畏和好奇。循证管理做得最好的不是自以为无所不知人,而是那些深知自己知之不多的管理人员。这些管理人员没有由于无知而无为;相反,他们在反省自己所知的同时,充分利用现有知识进行实践。

要在谦虚作风和决断力两者间保持平衡,是一个宏大且模糊的目标。要实现这个目标,一个做法就是对管理人员进行持续的专业培训,这同在其他专业领域一样。循证医学中心表示,确认并实行有效的终身学习战略,是医生们达到这一目标的关键。在循证管理中,这些东西也同样关键。

另一个做法是,即使是在缺少严谨证据又需要快速行动的情况下,也要鼓励询问和观察。即使信息不足不能做严谨的研究,也还是有事可做,根据逻辑行事,而不是仅凭猜测、恐惧、信仰或者希望行事。我们曾经和一家大型计算机公司合作,该公司在计算机的商店零售方面遇到了麻烦。高级管理人员一直责怪市场营销和销售团队工作失职,而对员工投诉产品质量不佳难以售出却充耳不闻。一个周末,高级管理团队成员走进商场,想要购买该公司生产的电脑。他们遇到的所有销售人员都劝阻他们不要购买这些电脑,因为它们价格昂贵、配置较低、外观不佳,并且客户服务质量糟糕。进行了这样的实地考察和定性数据收集之后,管理人员得出结论,决策的做出不能忽略实际观察。

会有所不同吗？

循证医学运动受到一些批评，特别是一些医生的批评，他们担心临床判断会被搜索引擎取代，担心精打细算的健康维护组织会否决实验性技术或昂贵技术。但是初步研究结果表明，即使是那些从医学院毕业已经15年的医生，其掌握的信息也逊于经过循证医学训练的医生。研究也得出结论，接受循证医学所提供疗法的病人恢复情况更佳。

但是，对于在工商界推行循证管理的人来说，这样的保证还无法做出。现在实行循证管理的公司并不多。在成为常规模式以前，循证管理需要广泛且具有代表性的证据支持，尽管理论观点是毋庸置疑的。根据公司内部以及其他公司行之有效的证据所做出的决策，是良好的能够帮助公司发展的决策，这一点完全合乎逻辑。同样，我们也拥有大量的同行们所做的评审研究，事实上是数以千计训练有素的研究者所进行的严谨研究。虽然这些研究总是被忽略，但它们确实可以提供简单又有力的建议，指导公司运作，一经采纳，立见成效。

这些看来显而易见？也许。但这些年来，我们学到的重要一课便是，实行循证管理意味着做平凡大师。看看通过这个小研究所做出的发现是怎样帮助一个大公司的吧：密苏里大学（University of Missouri）的一项实验比较了在10到20分钟的会议中站着开会和坐着开会的不同决策团队。站着开会的团队决策时间缩短了34%，但决策质量同样良好。人们在会议中应该站着还是坐着，乍看之下似乎是个非常愚蠢的问题。但仔细计算一下就不会这么认为了。拿能源巨头雪佛龙公司（Chevron）举个例吧。它拥有5万员工。如果每个员工每年只将一次20分钟的会议由坐着改为站着，那么每次会议的时间都会缩短7分钟。一年下来，将为雪佛龙公司省下350,000分钟，相当于6,000个小时。

明智决策

致力于实行循证管理的领导者必须注意它恼人的副作用：进展顺利的话，循证管理会降低管理层的力量和威望。对那些喜欢摆弄权威的人来说，这是一件令人不安的事情。我们以前的一名学生在网景公司（Netscape）工作。据他回忆，詹姆斯·巴克斯戴尔（James Barksdale）在任首席执行官时曾说过这样的话："如果要通过事实来做出决策，那么每个人提出的事实，只要与决策相关，都是平等的。如果要根据人们的意见来做出决策，那么我的意见就显得很有分量了。"这表明在事实和证据面前，层级关系的差异不存在了。循证方法改变了权力状况，取代了常规权威、名声和对于数据的直觉。这意味着，高级管理人员通常由于他们的智慧和决断力而受到尊敬，但现在，他们可能失去部分权威。因为在某些时候，他们的直觉将会被根据数据做出的判断所取代。而这些数据，几乎任何受过教育的人都能获得。这里隐含的意思是，管理者必须做出一个最基本的决定：他们想要员工总是拥护他们的决定，还是想让他们领导的公司运作良好？

如果严肃对待，循证管理可以改变每个管理人员的思维和行为。首先且最重要的是，循证管理是一种看待世界和思考管理的办法。实行循证管理的前提是尽最大可能运用更好更深入的逻辑和事实，让管理者可以更有效地进行管理。我们相信，面对某些行为能起作用，而某些行为不能起作用的事实和真相，我们应当了解管理常识中的一知半解会带来许多危险，并能拒绝接受这些常常用来取代良好建议的废话。有这样的认识，会帮助机构更好运作。

是什么让循证举步维艰？

你也许在努力采用最佳证据来支持你的决策，关注商务媒体，购买商务书籍，聘用商务顾问，参加商务专家的讲座。

但是循证管理仍然难以实行。以下是你将面临的难题。

证据过多。 在商务和管理方面，有数以百计的英文杂志、期刊，几十种报纸，约30,000种已出版书籍，另外每年还有数以千计的书籍出版。网上能搜索到的商务资源更是丰富并且发展迅速（从电子版的《财富》和《华尔街日报》到 Hr.com、Gantthead.com 等专业网站）。对于管理者来说，这样的信息量已经过大了。另外，管理实践方面的建议很少真正能被纳入实践。以《商务：终极资源》（Business: The Ultimate Resource）为例，这本书重八磅，2,208页全是加大页面。该书宣称它"将成为所有公司和商务人士的'操作系统'"。但是，一个良好的操作系统应该是一个完美且符合逻辑的整体，而不是像这本书，或其他任何这类现有的百科全书一样。

可靠证据不足。 虽然"数据，数据无处不在"，管理人员仍然感觉缺少可靠指导。1993年，贝恩公司的高级顾问达雷尔·里格比（Darrell Rigby）开始进行调查，这是我们遇到的唯一关于不同管理工具和技术的使用以及持续性的调查〔贝恩的管理工具调查的最新结果刊登在2005年《战略与领导力》（Strategy and Leadership）〕上。里格比告诉我们，让人感到奇怪的是，人们能够获得有关牙膏和早餐食品这类商品的很多信息，但公司花费数百万美元执行的那些项目的信息却根本没有。即便是贝恩调查，尽管其相当引人注意，但也只是对不同项目的实施程度进行衡量，或仅仅是对于它们的价值做出主观评估。

证据不适用。 通常，管理人员面对的不都是有用的提议，一些提议只在某些时候某种情况下适用。拿股票期权来举个例吧。有证据显示，对于股票期权的过分依赖通常不会增加公司业绩，倒是会增加公司重述业绩的必要。然而，对于刚起步的私人小公司，股票期权看来确实是跟公司成功相关联的，并且不会引起虚假浮夸。缜密研究的一个标志就是稳健原则，如果解决方案 A 会引起结果 B，研究者会悉心指出这种情况的详细背景。遗憾的是，这让管理人员感到迷惑，不知道这项研究跟他们有什么关系。

别人试图误导你。 因为要将好的建议和坏的建议区分开来非常困难，管理人员经常受到误导，相信并实行了错误的商务做法。大部分问题出在顾问身上，他们只要工作就能获得奖赏，不需要把工作做好，更不需要自我反省他们的工作是不是推动了客户的业务进展。最糟糕的是，如果客户的问题没有得到完全解决，这将给咨询公司带来更多的业务！（如果你认为我们的这一批评过于严厉，不妨问一下你最中意的咨询公司，他们的提议和采用的方法有什么样的证据支持，并且留心他们提出的证据。）

你在误导你自己。 西蒙和加丰科（Simon and Garfunkel）在歌里唱："人们只听到他们想听的，其他都当耳旁风。"他们是对的。许多医务工作者和他们的顾问往往对那些与他们的信念和思想认识相左的管理实践证据视而不见。而他们自己的观察结果又受到他们预期结果的影响。有时我们会通过自己的行动长期沿用我们最拿手的理论，换句话说，这些理论本身就自然实现了，而这一点尤其危险。比如，如果我们认为别人不可靠，就会密切关注他们的行为，而在这种注视下，信任不可能产生。（与此同时，实验证据表明，当权威人士认为人们有欺骗行为时，许多人确实会去行骗。）

副作用超过疗效。 有时，证据明确指向一个解决方法，但人们却很少考虑该方法的作用。有一个很好的例子，不过不是管理方面的，而是关于公立学校里自动升级制的争论，即一些成绩没达标的学生，是否让他们继续升级。美国前总统比尔·克林顿（Bill Clinton）代表了许多人的观点，他在1999年的国情咨文讲话中说："如果我们的孩子没有掌握必要的技能，我们不会偏袒他们，让他们顺利升级。"乔治·沃克·布什总统（George W. Bush）持同样观点。但是这一信念却与超过55项已发表研究结果相冲突。这些研究显示，终止自动升级制只会带来负面影响（没有一项严谨的研究表明有正面效应）。许多学校试图终止这一制度，但它们很快就发现了令人扫兴的事：学校里净是留级生，学生在校的平均就读年限延长，对于师资以及其他资源的需求让运营成本急速上升。对于这些考试不及格的学生，最后结果也往往不好，考试分数更低，辍学率上升。并且有报告显示，学校里欺侮事件增多：留级生比同班同学年长，因为留级的事情而心怀不满，而由于班级人数过多老师也管不过来。

无论如何，故事更具说服力。很明显，好的故事通常会让人折服，在这种情况下还要竭尽全力去建立一个周密且循证的行动体系是很困难的。事实上，"只有定量数据才能成为证据"这种说法是不对的。正如爱因斯坦（Einstein）所说："不是所有数据都有意义，不是所有有意义的因素都是数据。"如果得到正确使用，故事和案例都将是提高管理人员技能的有力工具。在开发新产品方面，有许多定量研究得到发表。关于工程师怎样开发产品以及管理人员怎样推动或影响这些工程师（以及产品）的成就方面，特蕾西·基德尔（Tracy Kidder）赢得普利策奖（Pulitzer）的研究《新机器的灵魂》（Soul of a New Machine）最为到位，无人能及。戈登·麦肯齐（Gordon MacKenzie）的著作《改变毛粪石的轨道》（Orbiting the Giant Hairball）是我们所知关于企业创造力的最具魅力和

41

实用性的书。好的故事在循证管理中也占有一席之地，它们提出假说、扩充其他研究（通常是量化研究），并且把受改变影响的人集合起来。

标杆管理能够提供证据支持吗？

几十年来，所有美国汽车公司都在模仿世界汽车行业领军企业丰田公司（Toyota），特别是它的工厂车间运作。各汽车公司及时引进即时存货系统和统计过程控制图，并且在出现任何问题时拉响警报停止生产线作业。虽然这些公司［特别是通用汽车公司（General Motors）］取得了进展，但它们在生产效率上，即组装每台车所需时间上，还是大大落后于丰田，在质量和设计上也是如此。

对汽车行业的研究，特别是沃顿商学院教授约翰·保罗·麦克达菲的研究，表明许多美国公司出现了随意的标杆行为。首先，人们模仿最可见、最明显、常常也是最不重要的实践。丰田成功的秘密并不是一系列的技术本身，而是其公司哲学，比如总体质量管理和公司对于持续改进的拥护。并且管理人员与车间员工接触密切，这使得丰田可以充分利用这些员工没有说出来的知识。其次，不同公司有不同的战略、文化、员工和竞争环境。所以每个公司的成功之道也不同。丰田模式之所以起作用，是因为它的前提是员工在团队中合作，为了团队利益而掩藏个人锋芒。这种集体主义的心态比较适用于亚洲管理人员和员工，而在欧美国家则不大适用。

在仓促模仿别人之前，要清楚认识到投入的精力和金钱可能没有任何回报，更糟的是可能出现从没遇到过的麻烦。
想想以下问题：

● **有严密的逻辑和证据表明被模仿者的成功是归功于我们要模仿的实践吗？** 西南航空是航空工业史上最成功的航空公司。赫伯·凯勒赫（Herb Kelleher）于1982年到2001年间担任该公司首席执行官，他非常爱喝威特基波旁威士忌（Wild Turkey bourbon）。这是否意味着你公司的首席执行官也喝很多威特基波旁威士忌，就能让公司成为行业巨头？

● **我们公司的战略、商务模式和员工构成是否和标杆公司足够相似，以使我们的模仿真正适用？** 做神经外科手术的医生主要通过其他神经外科医生学习技术，而不是整形外科医生。公司应该向相关机构学习。

● **为什么一个既有的实践可以推动公司业绩？是什么逻辑将实践和最终结果联系起来？** 如果不能解释所用的理论，那么你可能只是在盲目模仿一些没有关联性甚至有破坏性的行为，或者只是为了模仿而模仿（可能模仿了最糟糕的做法）。就像通用电气公司高级管理人员曾经向我们指出的那样，许多模仿它们强制排名方法的公司只是模仿了"评级与封杀"的 A、B、C 的分级，而遗漏了关键问题：A 级员工会帮助同事提高工作效率，而不是忙于造成功能失调的内部竞争。

● **采取一种做法，即便是好的做法，会有怎样的副作用？** 记住，总会有负面作用存在。比如，沃顿商学院的玛丽·本纳（Mary Benner）和哈佛商学院（Harvard Business School）的迈克尔·塔什曼（Michael Tushman）曾经做过的研究表明，在涂料和照相工业，采用流程管理项目的公司短期效率确实有所提高，但它们往往跟不上技术的飞速发展。必须注意是否有什么方法可以减轻这种副作用，甚至是那些被标杆公司所采用，而你却没有注意到的方法。比如在做兼并业务时，可以仔细观察思科系统公司（Cisco）的行动及其背后的原因。因为在其他公司总是兼并失败的时候，思科公司的兼并案总是很成功。

你是问题的一部分吗？

循证管理最大的障碍，是现有管理知识评估标准存在很大的问题。遗憾的是，在商务知识领域，几乎所有人的行为都在支持这些评估标准。特别是商务媒体，它们是商务实践的传播者，它们需要对其得出及发表的证据所存在的优缺点做出更好的评估对于商务知识的产生、评估、销售和实践，我们提出以下六项标准：

1. **不要再将既有知识当作全新理论。** 牛顿爵士（Sir Isaac Newton）有一句备受称赞的话："如果说我看得更远，是因为我站在巨人肩上。"但是对兜售管理知识的人来说，如果忽略这些知识已经存在的事实，而将它们当作全新理论，则可以获得更多的演讲机会和著书合约。大多数商务杂志乐于重复使用并重新命名既有概念来赚钱。无论如何，这种行为还在持续进行中。著名管理理论家詹姆斯·马奇（James March）在一封电子邮件中向我们指出："许多所谓的原创声明只是无知的证据，宣称魔法存在只是狂妄的表现。"我们怎么打破这种循环？首先，知识传播者应该承认关键的信息来源，并鼓励作家们和管理人员在此基础上进一步发展及融合前人理论。这样做并不只是出于学术正直或礼节，而是利于知识的发展。

2. **对"突破性的"看法和研究持批判态度。** 除了对"新"

知识的渴望，人们还有对"重量级"的渴望，"重量级"发现、"重量级"研究和"重量级"创新。遗憾的是，真正的"重量级"很少出现。只要对所谓的"突破性发现"进行近距离考察，几乎总会发现前人辛苦工作的成果。在我们周围，获诺贝尔奖的科学家和经济学家们将成就归功于前人的努力；他们小心指出多年研究过程中细微、痛苦的每一步，对于宣布"突破性进展"非常谨慎。然而另一方面，商务专家们却频频宣称他们找出了全新的万能疗法，就像过时的蛇油推销员一样——一个又一个的管理大师宣称自己发明了全新的万应灵药。这种情况是不对的。然而管理人员渴望神奇的疗法，兜售商务知识的人假装他们可以满足管理人员的愿望。

　　3. 欢迎并开发集体智慧。工商界是"大师"一词拥有正面含义的几个领域之一。但是对大师的强调掩盖了商务知识的正确开发和使用。知识不是天才们在大脑里臆想出来的。作家和咨询人员在描述开发知识的研究团队时必须更加小心。更重要的是，他们必须认识到，进行实践、执行战略和完成组织变革都需要许多人的协调行动。当人们感觉对知识拥有所有权时，才会尽最大努力开发知识。

　　4. 看到利的同时，也不能忽略弊。医生善于向病人解释可能出现的风险，在最理想情况下，甚至能让病人考虑潜在问题并参与到决策过程中来。这在管理中几乎不曾发生。在管理领域，有太多的解决方法被说成是没有成本而又普遍适用的，似乎不存在任何隐患。然而，所有的管理方法和项目都有利有弊，即使最好的方法也是有成本的。这并不意味着公司不应该执行六西格玛（Six Sigma）管理理论或平衡计分卡（Balanced Scorecard），而是说应该认识到隐患的存在。这样管理人员才不再抱有幻想，或者更糟糕的，因为挫折的出现而放弃一个有价值的项目或实践。

5. **成功（或失败）的故事可以用来描述良好实践，但不能替代缜密的研究。**根据项目参与者的回忆做研究存在很大问题。然而，在寻找方法延续成功的过程中，很多管理研究都会犯这个错误。一个世纪以前，安布鲁斯·比尔斯（Ambrose Bierce）在《魔鬼词典》（Devil's Dictionary）中将"回忆"一词定义为"通过增加细节想象从未发生之事"，这一定义成为大量人类记忆研究的预言。举个例子，有结论显示目击者的证词常常不可靠。基本上，不论他们在回忆时有多自信，人们的记忆力并不好。回到管理研究上，当人们被冠以大赢家（或失败者）的头衔时，他们的回忆与现实可能很不相同，他们所回忆的并不是真正发生的事情。

6. **对不同思想认识和理论保持中立。**思想认识传播广泛、影响力大，是阻碍循证管理得以实施的因素之一。学者和其他理念先导们沉醉于他们自己的理论，已经不能从新证据中学到什么了。当一个解决方案提出时，若表面看来可能"有社会主义倾向"、"过于悲天悯人"或"有军事主义倾向"，管理人员就会轻易地采取怀疑态度。要保证好的决策和方法不被过滤掉，需要对亟待解决的问题和有效证据的组成因素保持明确的认识并达成共识。

本文最初发表于 2006 年 1 月

再版版权号 R0601E

停止规划 开始决策

迈克尔·曼金斯（Michael C. Mankins）

理查德·斯梯尔（Richard Steele）

概要

　　许多高级管理人员对于战略规划越来越持怀疑态度，这并不奇怪。虽然投入了大量的时间和精力，战略规划却往往是做出良好决策的障碍，对于战略的影响也很小。

　　战略规划之所以不成功，原因有如下两方面：战略规划每年进行一次，并且只针对每个具体业务部门。如我们所见，战略规划过程跟高级管理人员的重大战略决策过程完全不同。高级管理人员作决策不会被时间左右，也不受业务部门的限制。因此，根据对156家大公司的调查，资深高级管理人员通常在战略规划框架之外临时做出战略决策，而没有经过严谨的分析和富有成果的讨论。

明智决策

　　通过对根本问题进行处理的方式，公司可以改善这一过程。一些具有前瞻性的公司已经丢弃这套受到时间和业务部门限制的陈旧规划方法，代之以连续的、注重问题的决策。要做到这一点，公司要遵循以下基本原则：既要把决策和规划区分开来，又要把两者加以整合。公司着重关注几个主要议题，并通过对战略的审查来帮助做出真正的决策。

　　通过取消战略规划的时间和部门限制，资深管理层进行战略讨论的本质得以改变，从"审核并批准"变成了"讨论并决定"。在这种新模式下，最高管理人员积极考虑每一个重大决策以及它们对公司业绩和价值的影响。作者发现，同沿用传统规划模式的公司相比，这些公司每年做出的重大战略决策数量多出整整一倍。

　　战略规划毫无用处吗？最近，一家跨国制造公司的首席执行官对自己提出了这样的疑问。两年前，他对公司的规划过程进行了一次宏大的调整。原有过程要求所有部门主管定期向公司执行委员会作报告，这一做法已经彻底被取消了。公司执行委员会成员，包括首席执行官、首席运营官、首席财务官、首席技术官和人力资源总监，已经厌倦了观看无数的幻灯片，聆听无数的报告。这些报告并没有给他们提供多少机会对业务部门的看法提出质疑或影响业务部门的战略。业务部门负责人也有所抱怨。因为公司执行委员会的审查长于说教却缺乏可行的建议。更糟糕的是，这些审查并不能带来有价值的决策。

　　改进之后的规划过程采用了最先进的战略规划理念。为了避免信息量过大，公司规定每个业务部门只报告15项最重要的内容以阐述其战略。为确保高质量的讨论，所有的报告及背景资料都应至少提前一周送到公司执行委员会成员手中。审核过程也有所改变，以便提供足够的时间让公司管理团队和业务部门主管交换意见。另外，不同于以往让各业务部门主管到总部开会的模式，公司执行委员会决定每年春天花六周时间到各业务部门进行访问，共22个部门，每个部门一天。原定目标是延长战略审查时间，使其更具目的性，带来更好的结果。

然而目标并没有实现。在采用新过程进行两轮规划以后，首席执行官对参与者进行了匿名调查以获得反馈。让他感到沮丧的是，报告中充满了抱怨之辞："花的时间太多了。""审核层次也太高了。""这同我们的业务运作方式不沾边。"然而最糟糕的是，接受调查者都认为新方法对决策的产生并没有帮助。这让首席执行官感到很吃惊。公司最新的规划过程为什么还是不起作用呢？更重要的是，他应该怎样做才能让战略规划帮助公司做出更多更好更快的决策呢？

同这位首席执行官一样，许多高级管理人员都开始对战略规划持怀疑态度，这并不奇怪。研究指出，虽然投入了大量的时间和精力，战略规划却往往是做出良好决策的障碍。结果，在大多数公司里，战略规划并不能真正影响公司战略。

在本文接下来的部分里，我们将说明许多公司战略规划之所以不成功，原因有如下两方面：战略规划每年进行一次，并且只针对每个具体业务部门。如我们所见，战略规划过程跟高级管理人员的重大战略决策过程完全不同。高级管理人员作决策不会被时间左右，也不受业务部门的限制。因此，高级管理人员总是将规划过程搁置一旁也就不稀奇了。对于那些能够真正形成公司战略并决定公司未来的决策，比如兼并和收购、新产品推出、公司重组等决策，高级管理人员是在规划过程以外做出的，并且是临时做出决策，而没有经过严谨的分析和富有成果的讨论。在关键的决策问题上，人们要么弄错，要么迟迟无法决定。最重要的是，这种公司规划方式和决策方式的脱节，是让大多数高级管理人员感到沮丧的原因，有时他们甚至会对战略规划感到憎恶。

通过对根本问题的处理，公司可以改善这一过程。少数具有前

明智决策

瞻性的公司已经丢弃这套受到日历年度和业务部门限制的陈旧规划方法，代之以连续的、注重问题的决策。通过取消战略规划的时间和部门限制，高级管理人员进行战略讨论的本质得以改变，从"审核并批准"变成了"讨论并决定"。在这种新模式下，高级管理人员认真考虑每一个重大决策以及它们对公司业绩和价值的影响。事实上，这些公司通过战略开发过程来推动决策的制定。结果，同沿用传统规划模式的公司相比，它们每年做出的重大战略决策数量多出整整一倍（见文后侧栏《谁能做出更多决策？》）。这些公司已经停止规划，开始制定决策了。

当规划出现问题时

2005年秋天，马拉康顾问公司（Marakon Associates）同经济学人智库（Economist Intelligence Unit）合作，对世界各地156家大公司的高级管理人员进行了调查。这些公司拥有至少高达10亿美元的销售额（其中40%的公司收入高达100亿美元）。我们询问这些高级管理人员他们的公司是怎样进行长期规划的，并且请他们就公司的规划过程能否有效推动战略决策进行评估。

调查结果同我们在多年咨询业务中所观察到的一样：战略规划的时间和部门限制是做出良好决策的障碍。具体地说，我们发现，使用标准化规划过程和规划方法的公司平均每年只能做出2.5个重大决策（"重大决策"是指在长期发展中有可能将公司利润提升10%或更多的决策）。很难想象，在几乎没有战略决策推动增长的情况下，这些公司怎么能不断向前发展，并取得投资者所期望的财务业绩。

　　更糟糕的是，我们怀疑，就算公司做出了少数几个决策，也是在战略规划过程之外做出的，而不是由战略规划推动产生。事实上，传统的规划模式十分笨拙，并且同高级管理人员在做决策时的所想所需格格不入。因此，在做重大战略选择时，管理人员往往将战略规划搁置一旁。

　　既然重大决策都是在战略规划过程之外做出的，战略规划也就仅仅是最高管理层既有判断的一个汇编而已，而不是确认关键决策并就其展开讨论的媒介。而公司要提高业绩，必须要做出这些关键决策。随着时间的推移，管理人员开始质疑战略规划的价值所在，他们不再采用战略规划，而是依赖其他方法来为公司制定战略。

时间效应

　　在我们的调查中，66％的公司将规划视作一个定期行为，在年度预算和资金审批之前进行。事实上，人们通常认为将战略规划同其他管理过程连接起来是最佳做法。但是，如果强行将战略规划固定在每年的某个时间进行，则与高级管理人员的日常活动相背离，因为高级管理人员在一年中的任何时候都必须做很多重要决策。

　　这样僵化的安排有两个缺点。第一个是"时间限制"问题。一年只进行一次的规划安排并不能给高级管理人员提供足够的时间，让他们处理对公司业绩影响最大的问题。根据我们的调查，每年进行一次规划的公司，用于战略开发的时间不会超过九周。也就是要在短短两个月的时间里收集相关事实、确定战略重点、权衡不同方案并做出重大战略选择。许多问题，特别是那些跨部门、跨地域，或者将会影响

51

明智决策

整个价值链的问题，并不能在这么短的时间内得到有效解决。以波音公司为例，对于是否将机翼生产这类主要生产活动外包，公司花了将近两年时间来做决定。

由于战略规划具有时间限制，公司高级管理人员面临两个选择：由于这些问题过于复杂而逃避；或者通过战略规划之外的其他途径解决问题。无论选择哪个，战略规划都已经被边缘化，并与决策过程相分离了。

另一个是"时机选择"问题。即便高级管理人员有足够的时间进行战略开发来解决难题，但如果时机选择不当，也可能带来麻烦。在多数公司里，战略规划是一个批量活动过程，管理人员对市场和竞争者的信息进行分析，确认威胁和机会，然后做出一个多年规划。然而，管理人员随时都有可能做出战略决策，这通常是由于现实原因而亟须做出行动（或反应）。比如，当有新的竞争者进入市场或竞争对手引进了一项新技术时，高级管理人员必须快速果断行动，以维护公司利益。但是，很少有公司（根据我们的调查，这样的公司所占比率低于10%）拥有缜密、成熟的系统以应对外部环境变化。于是管理人员需要做出临时决策来调整行动，或者索性碰运气。在这种情况下，战略规划再一次被搁置一旁，高级管理人员做出的决策没有经过深思熟虑，很有可能是不良决策。

企业并购尤其注重时机选择。收购机会随时可能出现，可能是由于目标公司管理层变更，竞争者的行动，或是其他一些不可预知的事件。面对大好机会，行动时间有限，高级管理人员不能迟疑不决，等待下一次年度规划的审核通过。所以他们评估交易，并快速做出决策。客户及员工方面的事宜对于有效整合被收购公司至关重要。然而通常由于缺乏合适的审核程序，它们得不到合理安排。整合规划失败通常被看作交易不成功的首要原因，这并非巧合。

52

业务部门效应

以部门为重心的典型的规划过程化解了时间效应——确切地说是时间缺陷——的影响。在接受我们调查的高级管理人员中，有三分之二的人表示，他们公司的战略规划是按部门进行的，也就是说，是以一个部门或多个部门为重心的。但是接受我们调查的资深高级管理人员中，有70%的人表示，他们的决策是按问题做出的。比如：应该进入中国市场吗？应该将生产业务外包吗？应该收购我们的分销商吗？考虑到规划的组织方式与重大决策做出的方式不一致，公司领导层再一次从其他地方寻找指引和灵感也就不足为奇了。实际上，在接受我们调查的高级管理人员中，只有11%的人坚信为规划付出努力还是值得的。

传统战略规划以部门为重心，这在公司高级管理人员和业务部门经理之间制造了距离，甚至是敌对情绪。比如，让我们看看大多数公司进行战略审查的方式——高级管理人员与业务部门负责人之间的正式会议。虽然这些审查的目的是就事实进行对话，但它们通常只是一次商务旅行。管理委员会在业务部门待一天，坐飞机来，观光，同当地员工见面，再坐飞机离开；而业务部门则要做大量准备工作迎接这次"王室拜访"，只求一切进展顺利，不出现任何麻烦，希望计划得到批准，没有任何遗留问题。因此，当地管理人员控制向上传送的信息流，高级管理人员只能了解到各部门好的一面。机会得到大肆宣扬，而威胁则被轻描淡写，甚至加以省略。

即使没有任何托辞，因为信息不对称公司高级管理人员仍然很难参与到有建设性的对话和辩论中。他们本来就没有帮助指导业务部门所必需的信息。所以当他们听到一个美好得难以置信的战略规划报告时，只有两个选择：要么否定它，这种情况在多数大公司里还没听说

53

过；要么顺其自然，提出进一步的目标，至少要兑现提高部门业绩的承诺。在这两种情况中，针对问题进行的决策，审查没有起到多少作用。在接受我们调查的高级管理人员中，只有13%的人认为，高级管理人员有效参与了公司战略开发的各个方面，从制定目标、讨论替代方案，到批准战略、配置资源。

以决策为重心的战略规划

战略规划如果不能推动决策制定，就没有影响力。只要战略规划依然以个体业务部门为重心，并受到日历年度的限制，它就无法推动决策的制定。在过去几年里，我们看到许多业绩最佳的公司放弃传统方法，明确以决策制定为工作重心，时时保持警醒，判断哪些是具有战略意义的事件，寻找系统性解决方案，从而做出决策（文后侧栏《持续，以决策为导向的规划》一文中提到以事件为导向的详细案例）。虽然这些公司的具体方法有所不同，但为了更加快速地做出更多更好的决策，它们的规划和战略开发过程都进行了同一性质的重大变革。

既要将决策制定和规划制定区分开来，又要将两者加以整合。首先最重要的是，公司必须创造一个不同的并行处理过程，使决策脱离传统的规划过程。这个并行处理过程的目的是开发战略，帮助高级管理人员确认他们必须要做出的决策，以随着时间推移创造更多股东价值。新过程的结果根本不是一个规划——而是一系列实实在在的决策，以帮助管理层通过现有规划过程做出公司未来的业务决策。确认并做出决策不同于制定、监督和更新战略规划，这两套任务需要非常不同却又互相整合的两个过程。

波音民用飞机集团（Boeing Commercial Airplanes, BCA）就是这样一个案例。该集团是波音公司最大的业务部门，多年来一直具有一个长期商务规划（LRBP）的做法。民用飞机生产周期长，要求集团首席执行官艾伦·穆拉利（Alan Mulally）和他的领导团队用长远眼光来看待业务。因此，这个部门的商务规划包含了一个十年的财务预测，内容包括：预计收入、储备积累、运作利润和资本投资等等。集团领导团队每周考核这个业务规划，追踪同规划相关的部门业绩情况，并始终将重点工作放在执行上。

在波音民用飞机集团，每周考察是非常有价值的业绩监督工具，但在呈现新事件和推动战略决策制定方面，它却并不特别有效。所以在2001年，部门领导团队引进"战略整合程序"，着力揭示并解决部门最重要的战略问题（比如决定最佳的销售市场进军战略，推动集团产品战略开发，或者促进服务的增长）。受命操作这一程序的团队每周一召开战略整合会议，追踪集团在解决长期问题方面的进展。一个具体方针一经取得一致意见并获得集团领导团队的批准，长期商务规划便会在下周的考察中得到更新，以反映在财务方面会出现的变化。

由于长期商务规划现在只专注于战略执行，因而节省了时间，虽然投入新决策程序的时间较之过长，但集团在两方面都受益匪浅——获得了训练有素的决策和卓越的执行。虽然长期商务规划过程使重要决策的质量有所提高、数量有所增加，但集团还是将其视作一种执行工具。管理人员相信，对于2001年以来波音公司业绩的快速回升，新的决策程序至少在一定程度上做出了贡献。

着重关注几个关键议题。高业绩公司通常将战略讨论的重心放在少数几个重要问题或议题之上，其中许多问题或议题涉及多个业务。使用这种方式来消除根据业务进行规划的模式，已被证实对复杂的大公司尤其有帮助。在复杂的大公司里，每个部门的管理人员都试图参与整个部门战略的各个方面，战略讨论因此而陷入困境。对于会对其

55

明智决策

部门产生影响的公司战略规划的制定，业务部门的管理人员应该参与。但应注重的是问题而不是业务部门，这样才能更好地协调决策制定、投资和战略开发。

看看微软公司（Microsoft）吧。这家世界领先的软件制造商是一个高度矩阵式的组织。在微软，要有效执行一个战略，需要多个职能部门与七个业务部门中的两个或几个进行仔细协调。高级管理人员将这七个部门称为"P&Ls"——客户服务部门、服务器与开发工具部门、信息工作者部门、微软网络服务（MSN）部门、微软商务解决方案部门、移动与嵌入式设备部门以及家庭娱乐设备部门。2004年底，认识到缺乏良好投资意向，首席执行官史蒂夫·鲍尔默（Steve Ballmer）要求公司战略、规划及分析副总裁罗伯特·乌兰纳（Robert Uhlaner）为公司制定一个新的战略规划程序。乌兰纳制定了一个"增长和业绩规划程序"，首先需要鲍尔默的领导团队就一系列重大战略议题达成一致，这些议题是跨业务部门的，比如个人计算机的市场增长、娱乐产品市场以及安全产品问题。这些议题不仅搭建起微软年度战略考察的对话框架，同样也指导各部门提出更多替代投资方案，促进公司发展。业务部门管理人员和鲍尔默管理团队之间的对话，重心应该放在怎样处理每个战略议题上，而不是单个部门战略。这个新程序的实施初见成效。乌兰纳表示："对于愿景，你必须小心谨慎。新程序向我们展现出无数新增长机会，我们不再担心缺乏投资意向，而是考虑怎样为它们提供资金支持。"

像微软一样，帝亚吉欧北美公司（Diageo North America）——国际啤酒、葡萄酒和烈酒经销商北美分公司，最近改变了战略规划执行方式，通过多样化的投资组合配置资源。帝亚吉欧过去将规划重心放在各个品牌上。无论品牌规模如何，或是品牌在投资组合中起何种战略作用，品牌管理人员都可以申请额外投资。结果，品牌管理人员和公司管理层之间无穷无尽的谈判给资源配置带来很多麻烦。这样的政治争论让帝亚吉欧高级管理人员很难建立起一个推动增长的长效机制，因为透明度的缺乏使他们无法从众多申请中找出哪些是真正值得追加投资的品牌。

从2001年起，帝亚吉欧对其战略开发方式进行了整改。一个关键性的改变是将规划重心放在公司相信可以促进市场增长的因素上——比如美籍西班牙人人口的增长。帝亚吉欧北美公司消费者规划与研究高级副总裁吉姆·莫斯利（Jim Moseley）表示："有些因素对品牌组合产生影响，通过对这些因素模块化，帝亚吉欧更好地将资源与最具增长潜力的品牌相结合，以阐明每个品牌管理人员需要进行的战略和投资开发。"比如，公司现在已经确定了一些拥有增长潜力的品牌，并对这些部门划拨资源进行投资。规划重点的确定缩短了公司品牌规划过程，减少了品牌管理人员和部门管理人员之间进行谈判的时间，也让高级管理层对品牌更有信心，相信它们会为公司发展做出贡献。

将战略开发视作长期行为。高效的战略规划者全年都在进行战略考察，而不是把它们压缩在两三个月时间内完成。这让高级管理人员可以一次只处理一个问题，直到他们做出一个或一系列决策为止。另外，当市场和竞争环境发生变化时，管理人员可以随时在日程上添加更多事件，所以不用临时做出战略决策。因此只要依靠一个单一的战略规划程序，更确切地说，是一个单一的战略决策模式，高级管理人员就可以在整个公司推动决策制定。

德事隆集团（Textron）是一家价值100亿美元的多元产业公司，它实行了一套新的持续性的战略开发程序。这个新程序围绕着公司最重要问题和机会优先的"决策日程"进行工作。2004年以前，德事隆集团一直采用一个比较传统的战略规划程序。德事隆集团经营部门的业务多样，比如贝尔直升机（Bell Helicopter），E-Z-Go高尔夫球车（E-Z-Go golf cars）和雅各布森草坪养护设备（Jacobsen turf maintenance equipment）等。每年春天，这些经营部门会根据标准模

明智决策

版开发一个五年战略规划。部门管理人员将会用一天的时间同德事隆管理委员会（公司五位最高级管理人员）一起考核部门战略规划。战略考核一旦完成，各部门就会竭尽所能将结果纳入他们的年度经营计划和资本预算中。

2004年6月，由于对公司战略考核给决策的质量和速度带来的影响而感到不满，首席执行官刘易斯·坎贝尔（Lewis Campbell）要求德事隆集团战略与业务开发副总裁斯图亚特·格里夫（Stuart Grief）重新思考公司战略规划程序。格里夫和他的团队对公司的各种做法进行了仔细审查，并从30名高级管理人员那里获得反馈，设计出一个新的德事隆战略程序。

新程序有两个重要转变。第一，公司不再将所有经营部门的战略考核都集中在每年第二季度，而是进行全年战略对话，每个季度考核两到三个部门。第二，不同于以各部门规划为中心来组织管理委员会对话，德事隆公司现在进行持续考查，以处理公司决策日程上的每一个战略问题。并且两个转变让德事隆管理委员会能够更有效地参与业务部门的战略开发，还向最高管理层提供了一个平台，使他们能在这里提出跨部门的问题并进行讨论处理，并获得相关业务部门管理人员的支持。这个过程极大地增加了公司每年做出的战略决策数量。结果，在过去的18个月里，德事隆集团从多元产业公司中的无名者一跃成为位居前25名的优秀业绩者。

卡地纳健康集团（Cardinal Health）是全球领先的医疗保健产品与服务企业集团之一。根据战略负责人约翰·加利文（John Cullivan）的报告，通过向持续型决策模式转变，卡地纳取得了相似的成绩。加利文表示："持续型决策程序很难建立，因为它要求公司高层重新分配管理时间。但这种程序可以让我们更专注于纵向业务的短期业绩，并在长期工作重点方面取得更快的进展。那些工作重点中有许多跨越多项业务的横向机会，因此不易操作。"

为了便于进行持续的战略决策，卡地纳集团对其传统规划程序进行了一系列重要变革。比如，在公司层面，为公司管理委员会的对话设定一个为期半年的滚动日程安排。这种做法能够使每个公司员工了解管理人员正在处理哪些问题，什么时候能做出决策。业务部门和职能部门都采用了类似的日程安排，确保公司采用相同标准做出所有重要决策。为了支持决策的持续进行，公司培训优秀员工使用新的分析工具和新程序，并把他们派往公司各部门工作。这种做法给公司的每个业务部门和职能部门都提供了必要的资源，以处理随时出现的战略重点问题。

通过战略性评估做出真实决策。在大公司，决策的最常见障碍是高级管理人员之间存在分歧，对过去的决策、现在的可选方案甚至用于支持战略规划的事实都有不同意见。大公司通过战略性评估来克服这些困难。

举个例子，在德事隆公司，对战略性问题的评估是以"事实，可选方案和抉择"为中心的。公司管理委员会通过两个半天的会议来处理每个问题，每年解决八到十个问题。在第一次会议上，管理委员会就相关事实进行讨论并达成共识——比如关键市场的营利能力、竞争者的动作以及消费者的购买行为，等等。几个可行的替代战略也在讨论范围之内。第一次会议的目的不是就一个具体方针达成共识，而是确保管理委员会获得尽可能好的信息以及多个可以考虑的良好的可选方案。第二次会议的重点是从战略和财务角度评估这些可选方案，选择最佳方针。将确定事实和替代战略的会议同讨论并做出最终选择的会议区分开来，德事隆的管理委员会避免了阻碍许多公司制定战略决策的瓶颈，并做出了更多的决策。

同德事隆集团一样，吉百利史威士股份有限公司（Cadbury Sch-weppes）也改变了战略对话结构，让高级管理人员更加明确地以决策制定为重心。2002年，吉百利史威士股份有限公司收购并整合了口香糖生产商亚当斯公司（Adams），此举大规模扩展了其产品种类与地域

明智决策

范围。公司认识到必须重新思考如何进行公司核心和各业务部门之间的战略对话。公司做出两项重大改变。第一，重新设计战略对话，纳入一套标准的关于消费者、客户和竞争者的事实与度量指标。这一信息帮助公司高级管理人员做出关键的商业抉择，使它们不再被埋没在各个业务部门中。第二，使高级管理人员的时间得到重新分配，使他们可以更多留意那些对实现吉百利十年愿景和制定重要决策至关重要的市场。

吉百利的高级管理团队现在每年花一周时间，到那些最能推动公司业绩增长的国家进行考察，这样不仅可以通过间接分析做出重大决策，还可以通过直接观察做出。现在，吉百利的战略对话是在对市场更加深入了解的基础上进行的，战略评估不仅是对战略规划的审核和批准，还是做出更多重要决策的手段。

如果做得对，战略规划能够对公司业绩和长远价值带来巨大影响。创建一个规划程序，管理人员可以发现大量隐藏的战略问题并做出更多决策，公司将会迎来更多长期增长和赢利的机会。如果公司以决策为重心进行规划，决策的质量和数量都能得到改善。另外，公司高级管理人员与部门管理人员之间的对话质量也得到了提高，这不是巧合。公司管理人员对公司面临的挑战会有更加深入的了解，部门管理人员则会从公司领导人的经验和思想中受益。正如吉百利史威士股份有限公司集团战略负责人马克·雷克特（Mark Reckitt）所说："持续的、以决策为重心的战略规划帮助我们的高级管理团队理顺日程安排，并同各业务部门和职能部门合作，制定出更好的业务战略和商务决策。"

谁能做出更多决策？

公司一旦放弃受时间和具体部门限制的传统规划模式，决策质量就会大大提高。在我们的调查中，同传统公司相比，那些可以摆脱过去束缚的公司每年做出的战略决策多了一倍。另外，根据做出决定时所掌握的信息，新规划程序确保管理人员做出的是最佳决策。

这里列出采取下述战略规划方法的公司每年做出的战略决策平均数：

以业务部门为重心的**年度评估**

每年2.5个决策

以问题为重心的**年度评估**

每年3.5个决策

以业务部门为重心的**长期持续评估**

每年4.1个决策

以问题为重心的**长期持续评估**

每年6.1个决策

数据来源：马拉康顾问公司和经济学人智库

传统规划模式

遵循传统战略规划模式的公司，在每年的特定时间为每个业务部门制定战略规划。跨职能团队用不到九周的时间开发部门规划。管理委员会审核每个部门的规划，通常举行一天的现场会议并批准其结果。将各个部门规划相加，形成公司战略规划，并提交董事会审查。

明智决策

战略规划一旦完成，各部门会用八到九周的时间进行预算和资本规划（在大多数公司，这些过程并不与战略规划明确挂钩）。

然后，管理委员会将同各业务部门召开新一轮会议，就业绩目标、资源投入及管理人员薪酬（在很多案例中可见）等事宜进行谈判。

结果：经批准但不现实的部门战略规划；与部门战略规划相脱离的部门独立预算。

持续的以决策为导向的规划模式

作为一个整体，公司一旦明确了最重要的战略重点（通常是年度战略的更新），就会建立全年持续的执行委员会对话机制，就尽可能多的问题做出决策。因为问题经常涉及多个部门，所以要成立专门的任务小组以准备必要的战略和财务信息，为每个问题找寻替代战略并加以评估。准备信息的时间可能超过九周。管理委员会针对每个问题进行两次对话，每次对话三到四个小时。第一次对话的重点是就问题的相关事实和一系列可行替代方案达成一致。第二次对话则要评估替代方案并选择最佳方针。一旦某个问题得到解决，又会有一个新的问题加入日程安排中。随着市场和竞争环境变化，至关重要的问题可以随时插入规划程序。

一旦做出决策，相关部门的预算和资本规划需要进行更新，然后将战略规划程序与资本预算程序加以整合。这将极大地减少管理委员会和部门管理人员之间就预算和资本规划进行的长时间谈判。

结果：获得处理各个关键问题的具体规划；针对**每个**业务部门建立起持续更新的预算和资本计划，并与关键战略问题的解决方案直接挂钩；每年做出**更多更快更好**的决策。

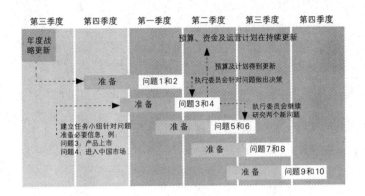

规划与决策相脱离

高级管理人员怎样进行规划	高级管理人员怎样做出决策
66% 的受访管理人员表示，公司只在特定时间进行战略规划	100% 的受访管理人员表示，战略决策的做出不受时间限制，持续进行
67% 表示规划以部门为单位进行	70% 表示决策以事件为单位进行

难怪只有11%的高级管理人员对于战略规划感到满意。

本文最初发表于2006年1月

再版版权号 R0601F

去除眼障 明智决策

马克斯·H. 巴泽曼（Max H.Bazerman）

多莉·丘格（Dolly Ghugh）

概要

　　2004年，默克公司（Merck）从市场撤下镇痛药万络（Vioxx）。到这时为止，仅在美国，通过处方开出该药超过1亿次。然而，研究人员现在估计，万络可能与多达25,000例心脏病突发和中风病症有关。该药的风险早在2000年已有证明，为什么还有这么多医生把该药列入处方呢？

　　作者认为，这与"有限意识"（bounded awareness）现象有关——由于认知障碍，人在决策过程中对一些高度相关、易于获取和察觉的信息视而不见，不去寻找、利用、共享这些信息。例如，医生在处方里开出万络后，往往会收到来自患者的正面反馈。因此，医生尽管接触过关于药物风险的信

明智决策

息，但对于实际风险的高低可能仍然蒙在鼓里。

有限意识现象可在决策过程的三个点发生。第一，高级管理人员不能看到或找出良好决策所需的重要信息。第二，他们看到了信息，但因没有意识到信息的关联性，所以不能利用信息。第三，他们不能与其他人共享信息，从而限制了整个团队的意识。

本文举出"挑战者号（Challenger）"遇难、花旗银行（Citibank）日本失利的案例，考察是什么使高级管理人员忽略了眼皮底下的东西，并对如何提高意识提出了建议。

当然，并非每次决策都要求高级管理人员有意识地放开眼界。如果每次决策都收集过多信息，将造成时间和其他宝贵资源的浪费。关键是要多多留心。如果高级管理人员想到一个错误可能造成近乎无法挽回的损失，就一定会先收集所有必要的信息，再明智决策。

2004年9月，默克公司因担心镇痛药万络会导致心脏病突发和中风，将该药从市场上撤下。到这时为止，仅在美国就通过处方开出该药超过1亿次。研究人员现在估计，万络可能与多达25,000例心脏病突发和中风有关。已有超过1,000次针对该公司的索赔。该药存在风险的证明早在2000年11月就已公之于众，当时《新英格兰医学杂志》（New England Journal of Medicine）称，万络服用者患心肌梗塞人数达到萘普生（naproxen）服用者的四倍。2001年默克公司提交联邦监管机构的报告表明：服用万络的患者有14.6%在服药过程中出现心血管问题；2.5%产生严重病症，如突发心脏病。那么，既然该药的风险在2000年和2001年就已公布，为什么还有这么多医生在处方里开这种药呢？

社会科学研究表明，决策者会忽略某些关键信息，而自己并没意识到。医生和我们其他人一样，都是不完美的信息处理者。他们面对的是紧迫的时间要求，必须在情况不明时做出生死攸关的决定。在万络这个事例中，医生往往从服药患者那里得到正面反馈。我们现在还了解到，默克公司的销售人员用了一些不道德的手段，使万络显得比实际上更安全。所以医生即使曾接触过有关该药风险的信息（甚至有人读过《新英格兰医学杂志》的那篇文章），但对于实际的危险程度，还是可能被蒙在鼓里。

为什么默克公司的高级主管容忍该药滞留市场这么长时间？有证据表明，公司销售人员确曾刻意歪曲真相，但同时很有可能的是，默克高层管理团队中的某些人未完全了解该药有多大危害。事实上，许多德高望重人士曾替默克前董事长兼首席执行官雷蒙德·吉尔马丁（Raymond Gilmartin）打保票，坚持说他若知道万络会致人死命，早就已经把该药撤出市场了。虽然组织里出了事，最终要由高级主管承担责任，但是这次纰漏与其说是某种刻意的不道德行为，不如说是决策质量的问题。

在本文中，我们将考察"有限意识"现象——由于认知障碍，人在决策过程中对一些高度相关、易于获取和察觉的信息视而不见，不去寻找、利用、共享这些信息。"生活提供的信息，就像端上来的一盘菜，不一定就是人们在菜单上点的菜"，哈佛大学心理学系丹·吉尔伯特（Dan Gilbert）说，"但是，大家都像体面的晚宴嘉宾，或者随遇而安的人，一般都会接受现有的安排，而不是敲打面前的刀叉盘碟，讨要自己想吃的菜。"

多数高级管理人员没有意识到自己特定的意识方式是有局限的，更没有认识到这些局限可能导致严重的后果，万络一例可资借鉴。简言之，要镇痛也要赢利，这两方面肯定都在医生和药品公司高级管理人员的意识界限之内，而万络的药物风险则可能处于意识界限之外。

有一个要点需注意，有限意识不同于信息超负荷的情况，也不同

明智决策

于被迫在信息太多、时间太紧时进行决策的情形。多数人就算决策时并非信息泛滥、时间紧迫，仍然不能在正确的时间把正确的信息变成自己自觉的意识。

有限意识现象可在决策过程中的多个点发生。首先，高级管理人员可能看不到或找不到做出良好决策所需的信息。其次，他们可能看到了信息，却可能因为意识不到这信息的关联性而不能加以利用。最后，他们可能无法与别人共享信息，从而限制了整个团队的意识。

不能看到信息

专注于一项工作的能力无疑是有用的，不过专注也会导致意识局限。举例来说，看一看康奈尔大学心理学家乌尔里克·内泽（Ulric Neisser）的一项研究。内泽让参与者看一段两个篮球队传球的录像带（球员身穿不同颜色的球衣），并要求每个人数出其中一队队员的传球次数。这项要求听起来不难，但其实不然，因为两个球队各有各的控球时间，而两队的镜头却录在同一段录像中。受试者都全神贯注于自己的任务，结果只有21%的人报告说看到一个女人撑着伞在队员之间行走。但是，没有任务的人却都注意到这个女人在录像中出现了好一段时间。我们在高级管理人员的课上播放这个录像带，而发现了这个女人的人甚至还不到21%。这让人感到担心，因为高级管理人员在专注于手头工作的同时应当对周遭的威胁和机遇保持警惕。注意不到周围环境的制度变化、政治变化或市场引起的变化，就不能调整自己的战略，促进组织的兴盛。

人们容易忽视的不仅是那些意料之外的信息，指出这一点的是哈佛医学院（Harvard Medical School）杰里米·沃尔夫（Jeremy Wolfe）和托德·霍罗威茨（Todd Horowitz）、波士顿市的布里格姆妇科医院（Brigham and Women's Hospital）娜奥米·肯纳（Naomi Kenner）。这几位研究者在实验室重现了机场的武器安检过程。参与研究者通过观看屏幕对包内有无危险品进行检查，且事先被告知危险品多久出现一次。当被告知危险品将在本时间段有50%的几率出现时，参与者误检率为7%。而当被告知危险品在本时间段只有1%的几率出现时，误检率就跃升至30%。人们因为没有预料到自己会看到危险品，结果干脆放弃观看——换句话说，如沃尔夫的解释："要是不经常看到，就经常看不到。"

感知出现盲点的另一种情况与逐渐变化有关，这体现在哈佛商学院的弗朗西斯卡·吉诺（Francesca Gino）与马克斯·巴泽曼的一项研究中，参与者被分成两组：一组负责估测装满硬币的各个罐子包含的钱数。另一组负责"审计"别人估测的钱数。估测者不会因为估测准确得到奖赏，而只有在高估的钱数得到审计者认可时才会得到奖赏。审计者会因为认可估值而得到奖赏，但如被发现认可的是过高的估值，就会受到惩罚。如果估测者逐渐提高其相对于真实钱数的估值时，审计者不大容易发现估值是虚高的，是被做过手脚的。但如果估测者是突然跳到这一虚高值的，审计者就比较容易发现问题。实际上，这多少解释了安然公司和世界通讯公司（World-Com）的丑闻是怎样逐渐演变成弥天大谎的。起初被人忽略的星星点点的不轨行为，像滚雪球一样渐渐形成越来越严重的罪行。

幸运的是，人们可以逐渐学会察觉环境的变化，从而有助于去除决策中的障眼物。例如，美国特工需要训练搜索人群的能力，要注意谁把手探进大衣内、谁移动到一帮人前面等我们多数人都会忽视的现象。类似地，高级管理人员也可以培养出判别哪种信息会对组织产生直接影响的意识。他们还应该分派别人完成这项任务。不同的人会有

69

明智决策

不同的认识局限，收集多人的看法将更容易得到一个明智决策所需的全部相关信息。心理学家丹·洛瓦罗（Dan Lovallo）和丹尼尔·卡恩曼（Daniel Kahneman）在《成功的错觉：乐观主义如何破坏了高级管理人员的决策》（《哈佛商业评论》2003年7月）一文中讨论了发掘或购买局外人观点的学问。我们认同他们的建议，因为局外人观点可能帮你看到一些沉溺日常事务时容易忽略的关键信息。

不能找到信息

"挑战者号"（Challenger）宇宙飞船的灾难已用许多分析镜头进行回放，但为我们的目的，让我们想一想导致飞船发射的种种决定。"挑战者号"点火升空时，正值飞船发射史上的最低气温，这个因素导致O型环失效，并最终导致飞船上七名航天员全部遇难。灾难发生的前一天，美国宇航局（NASA）的多名高级管理人员争论低温是否可能导致O型环失效的问题。但因为在此前的七次发射中，出现O型环破损时并未表现出低温与O型环的明显联系，所以他们选择了照原计划进行。

可悲之处在于，决策者们没有关注未发生O型环失效的17次飞船发射时的温度。全部24次发射的数据本来可以确定无疑地说明推迟发射"挑战者号"是必要的。后来的分析表明，低温条件下事故发生概率超过了99%。和许多出于好心的高级管理人员一样，美国宇航局和莫顿聚硫橡胶公司（Morton Thiokol）的科学家在分析时也仅仅局限于手头数据——而未能找出最相关的信息。

最让人担心的情况是，当决策者有意支持某个结果时，却找不到信息了。许多人认为布什政府入侵伊拉克的决定是错误的。这里我们不谈大局，但我们确实认为导致这一决策的过程存在缺陷。美国高层政府官员被自身的有限意识所束缚，没有去寻找反对入侵伊拉克的信息。具体说，他们没能注意到，种种迹象表明他们对伊拉克的局势判断有误，特别是关于大规模杀伤性武器是否存在的判断。

最令人不安的证据来自理查德·克拉克（Richard Clarke）对2001年9月11日、12日事件的记叙。当时身为反恐司令的克拉克在他的《四面受敌》（Against All Enemies）一书中称，9月11日夜，他接到当时国家安全顾问康多莉扎·赖斯（Condoleezza Rice）的指示回家休息几个小时。克拉克称，次日上午他回去上班时，副总统迪克·切尼（Dick Cheney）、国防部长唐纳德·拉姆斯菲尔德（Donald Rumsfeld）和国防副部长保罗·沃尔福威茨（Paul Wolfowitz）正在讨论伊拉克在这次袭击中必定扮演的角色。我们现在知道这个过于狭隘的判断是错的，但在那之后的几个月中，布什政府展开了一场先入为主的调查，欲将伊拉克与9·11和恐怖主义绑在一起。在这种求证行动中，与预先成见不符的信息都被留在意识界限之外。

我们怎样才能找到处于我们意识之外的信息？关键是，对于不得不做的决策，在考虑哪些信息产生实际影响时要十分警觉。例如，假设你在教室上课，教授给你一串数"2-4-6"，然后要你说出她心里想的符合2-4-6数列的特定规则。为了猜出规则，你可以说其他三个数字的序列，教授会告诉你各数列是否符合她定的规则。你可以问她任意多个数列，但猜规则的机会只有一次。

这项练习改编自心理学家 P.C. 沃森（P.C.Wason）的研究，我们把它用在高级管理人员教育课上。我们在黑板上写下2-4-6，让一个人自告奋勇尝试其他数列，进而猜出规则。自愿猜的人往往只说几个数列就做出最终的——通常也是不正确的——猜测（最常见的猜测是"递增为2的数列"或"前两数之差与后两数之差相等"）。然后我们再

明智决策

找一个自愿猜的人。这个人提出另一个假设，尝试一些符合这一假设的数列，并猜测规则——可还是不正确。在此阶段，我们很少会否定两位高级管理人员提出的数列，因为规则是"任意三个递增的数"。

解决这个问题要求参与者积累反面证据，而非正面证据。因此，如果你头脑中给这个问题设限为"递增为2的数字"，你就应当提出与之不符的数列，来发现实际规则。尝试1-3-5、10-12-14、122-124-126等只会让你"证实"递增为2的规则是正确的，而其实不是。寻找反例是解决问题的一种有力手段，但却很少出现在我们的直观策略中。

这个练习有一个正确答案，但在现实世界中很少有决策会这样简单明了。可是，信息在放到高级管理人员办公桌上时，常常已经设计成了建议，还有大量数据支撑。确实，高级管理人员必须靠别人为自己整理数据流，但同时也必须质疑这种缺乏反证的情况：这亮起一盏红灯，指示出人的意识非常有限。高级管理人员看到它，就应当把团队成员派回去找到缺失的反面证据，并将它搞清楚。

举个例子，著名的1985年"新可乐"（New Coke）溃败事件。20世纪80年代中期，相比可口可乐，百事可乐占了上风，其手法基本上是用"百事大挑战"（Pepsi Challenge）口感测试把消费者的注意力吸引到饮料的口感上。百事可乐此举的成功促使可口可乐的高级管理人员也开始注重饮料的口感——并对可口可乐99年历史的配方进行大举研发。

让我们把这件事放在2-4-6测验的语境中。百事可乐关注口感，可口可乐总部高层也就把口感作为目标。焦点人群、口感测试及随之而来的配方修订，一切似乎都证实口感确实是问题所在。然而，高级管理人员们并没有尝试收集反面证据。时任可口可乐营销总监的塞尔希奥·齐曼（Sergio Zyman）回顾说："我们没问……'如果我们撤走可口可乐，换成新可乐，你会不会接受？'"这个问题本来可以证明口

感论的错误。如"递增为2的假设",不是用1–3–5来测试,而是用
1–3–6来测试一样,测试口感假设的方法是用口感较差的可口可乐配
方和百事可乐较量,看可口可乐饮用者是否不改忠心。

发掘反证应当是每个人的事。不过,在统合这种思考方式时,有
种方法是指派一名团队成员担任"魔鬼检察官"的角色。这不同于魔
鬼代言人,后者只会提出各种不同意见。魔鬼检察官要做的不是为某
种观点辩护,而是要提出问题,迫使大家到自身的意识界限之外寻找
证据。另外,这个角色很容易由那些不愿随大流者担当;这样他们可
以放心大胆地做贡献。

不能利用信息

让人难以置信的是,许多高级管理人员在做出重要决定时竟然会
忽略一些可以获取的宝贵信息。想想花旗银行在日本的案例。据欧洲
工商管理学院(Insead)的马克·亨特(Mark Hunter)研究,1998
年日本金融厅(Financial Services Agency,FSA)成立后不久,就着
手调查日本的19家大银行。外国银行均遭到严格审查,结果瑞士信贷
(Credit Suisse)金融产品公司的东京分部于1999年11月被吊销执照。
它是瑞士信贷第一波士顿(Credit Suisse First Boston)公司的衍生产
品分部。日本金融厅的意思很明确:银行业之前的许多灰色区域,如
集团子公司之间对金融产品的交叉买卖,现在已经不允许了。即使这
样,交叉买卖仍然是花旗银行的一个核心战略。

日本金融厅同时明确指示,以掩盖亏损为目的的交易是非法的。
2000年5月,日本金融厅中止德意志银行东京证券分部出售证券衍生

产品，为期六个月，原因是后者为了达到掩盖企业客户流失的目的而出售证券。这是对银行的多种此类惩罚之一。总而言之，日本金融厅发出这样清楚明白的信息：硬性推销的战术和做法虽然在别的国家可以被容忍，但在日本会遭到惩处。

2001年，经日本金融厅施压，花旗银行承认，其曾为大约40家公司提供金融产品，帮助它们将证券账面亏损和外汇亏损转移到较晚的财务报告周期内。很明显，花旗银行的高层管理者已经看到了报纸上的相关报道，说其竞争对手因类似行为而遭受惩处。但花旗银行的高级管理人员还是公然在日本市场的灰色区域肆意妄为。例如，2003年东京一所时装学校寻求670万美元贷款，除花旗银行外，其他银行看到学校账目后都拒绝了贷款请求。但花旗的私人银行找到一个方案：该银行的六名客户从校方购买三幢大楼。校方一年后把这些大楼买回，费用为原价加上租金和交易费，这将给校方增加26%的成本。花旗银行给自己留了11%；其余收益给了花旗的客户。正是有限意识导致花旗银行忽视了日本政府的警告信号，进行了许多其他的不当行为。

最终，花旗银行因决策失误而自食苦果。日本金融厅于2004年9月吊销了花旗集团四个私人银行办事处的营业执照。日本金融厅还宣布花旗银行给金融产品附加了超额利润，欺骗了客户。此举让花旗银行名声扫地。面对日本金融厅的诸多强制举措，花旗银行的高级管理人员为什么没有停止日本分部的不妥行为，从而保护自身利益呢？花旗的高级管理人员看得到日本金融厅种种举措的信息，但他们关注的重点似乎主要是金融业绩，而关于自己打擦边球同时可能触犯日本法律这一点，却超出了他们的意识界限。

成功本身似乎会产生种种限制，妨碍高级管理人员利用现成的信息。瑞士制表商发明了石英表技术，但据哈佛商学院迈克尔·塔什曼（Michael Tushman）和同事的研究发现，正是瑞士在机械表领域的称霸阻碍了它认识整个钟表业的未来走势。他们差不多是把石英表技术拱手让人，结果在全球大部分钟表市场上不敌美国公司和日本公司。推而广之，塔什曼总结了一个普遍模式：特定技术领域的成功会阻碍公司利用该领域外的新技术，即使这些新技术就在公司内部。

有限意识的另一个常见模式是不去利用有关竞争对手的信息。卡内基梅隆大学（Carnegie Mellon University）的唐·穆尔（Don Moore）和同事发现，决策者可以全力关注自己的任务完成得多么好，却容易忽视同样的任务竞争对手完成得多么好。结果是人们十之八九都会在简单任务上较量，哪怕这需要面临许多竞争对手的挑战；而很少会在困难的任务上较量，即便竞争对手做起来也不容易。根据穆尔的研究，这种倾向往往使公司进入一些门槛较低的产品领域，而很少尝试那些较难进入的产品领域。

要想确定手头信息是否有用，有一种方法是：考虑其他相关各方的举动以及这些举动背后的法则。例如，假想下列情境：你正在思考收购一家小公司，这家公司有一个很棒的新产品与你们公司的产品组合相配。根据预期估价，这家公司目前的价值可能是至少500万美元，至多1,000万美元。你相信，由于你自己公司特有的协同增效作用，这家公司被你收购之后价值大概是2,000万美元。你还了解到，公司三位创始人拥有等量股份，而且他们对于公司的价值意见不一。那么你如何报价？

假如你了解到三位创始人有协议，只有在三人都同意某个价码时才会出售公司，那么你是否会改变报价？或者你了解到的情况不是这样，三个创始人中任何一个都可以强制出售公司（除非其余二人以相同的价格买下此人的股份，而你相当肯定没人有这个实力），那么你是否会改变报价？

一旦你认识到其他选手很可能各有各的算盘，那么如何确定卖方的保底价值（即卖方所能接受的最低价）就变得非常关键。假定三位创始人售出公司的保底价值分别是600万美元、700万美元、900万美

明智决策

元。显然，如果其中一人同意即可强制出售公司，与三人必须达成一致相比，你将可以提出一个低得多的报价。但是，对于多数谈判者而言，其他各方的决策以及游戏规则超出了他们的意识界限。我们在课上给高级管理人员们讲这一课时，他们往往无视决策规则的作用，并且考虑不到各个创始人的保底价值可能高低不一。

高级管理人员可以采取种种手段，获取诸如此类的关键信息。有种方法是对情境进行"分解"，或者说搞清楚相关信息的所有来龙去脉。例如，让一些人预计，在自己最喜爱的足球队赢球或输球之后的几天，自己会开心还是不开心，这些人倾向于其是否开心主要看比赛结果如何。但是，弗吉尼亚大学的蒂姆·威尔逊（Tim Wilson）和同事请受试者罗列出赛后几天内将会发生的其他十多件事，他们就会预计自己是否开心不太可能由比赛结果决定。换句话说，通过"分解"情境，他们意识到了一些容易了解但之前未加以利用的信息。

芝加哥大学的尼克·埃普利（Nick Epley）和哈佛大学的尤金·卡鲁索（Eugene Caruso）及马克斯·巴泽曼进行的研究表明，对于团队的成就，人们易于高估自己的功劳。让四个团队成员每人回答这个问题："团队成就中百分之多少来自于你的想法和努力？"回答的四个百分数之和通常都会远远超过100%（这个发现同样适用于学术著作的合著者）。但如果问他们另外一个问题："对于团队成就，四个团队成员每人贡献了多少百分比？"结果由私心导致的虚报就会大幅减少。从本质上讲，后一个问题对其他成员的贡献情况进行了"分解"，从而把这些人的贡献纳入到回答者的意识界限之内。

还有些问题也可以将有用的信息纳入意识界限内，如：在组织内部我们已经知道哪些信息？哪些信息与手头的问题相关？忽略那些一直没有利用的信息，是否合理？很明显，事情越重要，你就越应当小心谨慎地利用好最恰当的信息。

76

不能共享信息

　　高级管理人员之所以团队行动，是因为有句老话说：三个臭皮匠，顶个诸葛亮。选择各成员来代表组织的各部分，这样在决策和制定战略时，团队可以接触到各个不同来源的信息。但研究仍表明，多数团队都有认知界限，不能共享信息。团队成员通常讨论一些众所周知的信息，却不去跟大家共享自己的独家信息。为什么？因为讨论共有信息要容易得多，而且共有信息可以得到正面回应，别人能帮腔说话。从认知上看，高级管理人员个人并未认识到与他人共享自己独家信息的重要性，同时也未能从别人那儿寻求独特信息。这种不良运作模式导致组织内建立多样化团队的初衷有名而无实。

　　我们可以拿"隐式档案"任务为例。这个案例由俄亥俄州大学的杰拉尔德·斯塔瑟（Gerald Stasser）设计，目前已成为高级管理人员课程中关于团队决策的一个共用设计。在一个典型的隐式档案任务中，团队成员要从多个选项中选出最佳的一个，比如为一个重要的高级管理人员职位确定最佳人选。当所有团队成员都了解所有候选者的全部信息时，团队中绝大多数人会把某个特定候选者作为最佳人选。但是在这项研究的另一方法中，有关最佳人选的优秀信息仅仅透露给几个团队成员，而有关另一个候选者的良好（而非优秀）信息透露给团队每个成员。在这种情况下，多数成员会选择次佳的候选者，因为知道最佳候选者的那些成员把这块信息闷在肚子里了。

　　不能共享独特信息，这可能是导致美国未能防止9·11恐怖袭击的一个因素。根据9·11委员会的报告，美国政府当时接触到大量信息，这些信息如加以综合利用，本可以保美国逃过此劫。白宫、中情局、联邦调查局、联邦航空管理局、国会以及政府的许多其他机构都掌握了防止这次恐怖袭击的一部分信息。不管是克林顿、戈尔政府还

明智决策

是布什、切尼政府，都没能充分提高航空安全水平和反恐情报水平，他们放过了大好机会，没有下令建立一个可供各机构共享信息的体系。虽然我们无法肯定改善信息共享一定能够防止9·11事件，但可以肯定，如果历史可以重演，聪明人一定选择让各机构间好好进行沟通。

很多方法都可以促进团队内部多种知识的统合。会议要有议程，而议程应具体到个人的报告，而不是假定那些掌握独家信息的人会在需要的时候挺身而出。如果关键问题的可靠性取决于多个领域，那么可以指定某人或某部门去负责保证每个人或每个小组都共享了信息。但在高级管理人员对某种情况制订出合适的统筹解决方案前，必须首先考虑"隐式档案"效应。在此之后，才可以把独特信息引入团队决策过程的范围内。

冲破藩篱

专注是件好事。确实，许多高级管理人员因为能够聚精会神地专注于特定信息而取得了成功。但在进行重要决策时，高级管理人员最明智的做法是，想想是否因为自己的有限意识而把关键信息排除在关注点之外。例如，美国大航空公司的高级管理人员曾因一心专注于抢购市场份额而对其他至关重要的战略要素视而不见，结果影响了公司赢利、顾客满意度和航行安全。

当然，并非每次决策都需要人有意识地拓宽自己的专注范围。事实上，描述有限意识问题的一个危险就是，高级管理人员可能对自身的局限性过度敏感，结果每次决策都要收集过多信息。这将造成时间和其他宝贵资源的浪费。但如果事关重大——例如应急准备、减产或营销某种有潜在危险的产品——高级管理人员就应当十分注意自己本来的意识界限。简言之，假如某个差错会产生几乎无可挽回的损失，那么就一定要获取一切所需信息，再明智决策。这方面，高级管理人员可以好好向资深外交官学习。外交官往往凭直觉进行思考，与一国如何商谈会影响其邻国。外交官似乎已经养成了一种习惯，喜欢多收集信息来拓宽自己的认识范围，而不是满足于少量信息——企业高级管理人员大可引以为鉴。

耶鲁大学的巴里·纳莱巴夫（Barry Nalebuff）和伊恩·艾尔斯（Ian Ayres）著有《为什么不呢？》（Why Not?）一书，书中提供了拓展高级管理人员认知界限的另一个清晰的策略。他们认为，人们过多地视现状为理所当然；反过来，当我们对事物运作方式的通用假设提出质疑时，创新方案才会浮出水面。纳莱巴夫和艾尔斯讲述了许多企业因提问"为什么不呢？"而获得成功的故事——其中一个故事说的是，发现番茄酱瓶子倒着放更合理。用我们的话来说，要想学会找到那些超出自己认识局限的有用信息，可以问一个简单的问题：为什么不呢？

如何增强你的意识？

一、看到信息

1. 知道自己在找什么，练就火眼金睛。

特工人员可以搜索人群，从中发现危险。企业高级管理人员也可以做相似的事，提出这类问题："假如我们的战略是错误的，怎么办？我们如何知道战略错了？"只要问问这些问题，你就不得不去注意一些通常不会在意的地方。

2. 发掘（或者购买）局外人的观点。

请某人或某个团队告诉你一些自己察觉不到的东西。就

明智决策

算你知道自己不会实施过于极端的建议，多掌握信息还是十分重要的。

二、寻找信息

1. 缺少反例需警惕。

如果你的团队成员的建议都没有反面数据，这就像一盏红灯，说明大家已经成了有限意识的牺牲品。委任某人担任魔鬼检察官的角色（此人负责提出问题，而不像魔鬼代言人那样只会提出不同观点）。

2. 寻常小事一带而过，重要大事绝不放过。

想想出差错的各种征兆；假如一失足会成千古恨，那么小心谨慎求证就是明智的。

三、利用信息

1. 对情况进行分解。

千万注意自己不要被某个焦点事件一叶障目，对别的相关信息视而不见。通过有意识地思考自身处境的来龙去脉，你就不大可能错过重要的信息。

2. 假设你所需的信息就在自己组织内部。

事情往往如此，而且如果你持有这种心态，就很可能挖出信息来。

四、共享信息

1. 每个人都有自己独到的信息；开诚布公地交流。

高级管理人员的会议议程中应当要求所有团队成员通报最新情况，从而增大个人掌握的重要信息得到共享的可能性。

2. 建立机制，保证信息共享。

去除眼障 明智决策

考虑派一个人负责收集多种来源的信息。

本文最初发表于 2006 年 1 月

再版版权号 R0601G

依靠分析法进行竞争

托马斯·达文波特（Thomas Davenport）

概要

　　我们都知道杀手应用程序的作用。它不仅仅是一个辅助工具，更是一种战略武器。

　　一般来说，竭力寻求杀手应用程序的公司都将全力放在能为它们创造最大竞争优势的一个领域。然而，一批新兴的公司已经加大了投入，亚马逊公司（Amazon）、哈拉斯公司（Harrah's）、美国第一资本金融公司（Capital One）以及波士顿红袜棒球队（Boston Red Sox）等，都通过各种各样广泛的活动来开发具有行业优势的分析法，取得了它们所在领域的领导地位。

　　曾有一度，许多行业里的公司都生产差不多的产品，使用相差无几的技术，那时候仅有的几种差异之一是经商方法，

明智决策

　　而分析法的竞争者便试图从这些方法中开发出最后的价值。企业的雇员大都精通数字或者了解掌握最好的证据和量化工具的重要性，因此能做出最好的决策。

　　在依靠分析法进行竞争的企业里，资深高管从上至下都明白分析法的战略核心地位。这些公司已经推出了一系列涉及复杂数据和统计分析的举措。数据的量化分析由公司（而不是部门）来统一管理。

　　在本文中，托马斯·达文波特教授展示了这些擅用统计的公司的特点和习惯做法，并且说明了其他公司想跟他们进行量化分析竞争需要进行哪些转变。不难想象，实现这些转变需要技术上的大量投资、数据的大量积累以及数据管理公司战略的形成。但是，高管们的作用也同样重要。他们不但要表达出坚定不移的信念，还要付出始终不渝的努力和意愿去改变雇员们的思考方式、工作方式以及对待他们的方式。

　　我们都知道杀手应用程序①的作用。多年来，一些公司的创新型系统，比如美国航空公司（American Airlines）的电子订票系统（electronic reservations）、奥的斯电梯公司（Otis Elevator）的预防性维护系统（predictive maintenance）以及美国医疗设备供应公司（American Hospital Supply）的网上订货系统（online ordering），都为它们的开发者带来了丰厚的利润和很好的声誉。这些系统宣告了一个新的应用程序时代的到来：新的数据收集和处理方式前所未有地达到了消费者的预期并优化了运行过程。新的应用软件将技术从一种辅

---

① "killer app"（杀手应用程序）是计算机行业中的一个行话，它指的是一个有意或无意地使你决定购买它所运行的整个系统的应用程序。一个 killer app 的典型例子就是电子制表软件程序，它是第一个被称作 VisiCalc 的程序，第二个是 Lotus 1-2-3。电子制表应用程序帮助个人电脑走进了部门级的大小企业。killer app 可以指以前从未出现的普通的应用程序，可以指首次介绍了一种新的应用类型的特殊的产品，也可以指任何具有广泛吸引力的应用程序。

助工具变成了一种战略武器。

一般来说，竭力寻求杀手应用程序的公司都将全力放在能为它们创造最大竞争优势的一个领域。然而，一批新兴的公司已经加大了投入。亚马逊公司、哈拉斯娱乐公司、美国第一资本金融公司以及波士顿红袜队等，都通过各种各样广泛的活动来开发具有行业优势的分析法，取得了它们所在领域的领导地位。实质上，它们正把公司变成杀手应用程序大军，扎扎实实地一步步走向成功。

公司依赖分析法进行竞争，不仅因为它们能够这么做（今天的商业圈充斥着数据以及数据处理工具），也因为它们必须这么做。曾有一度，许多产业里的公司都在生产差不多的产品，使用相差无几的技术，那时候仅有的几种差异之一是经商方法，而分析法的竞争者便试图从这些方法中开发出最后的价值。因此，他们像其他公司一样，了解自己的顾客需要什么产品，愿意为这些产品付多少钱，每个人一辈子要买多少件产品，以及什么因素能刺激他们多买产品。跟其他公司一样，他们了解补偿成本和周转率，能算出员工对利润做出的贡献或造成的损失，以及如何使工资水平与工作业绩相联系。与其他公司一样，他们清楚什么时候库存会降低，他们也能根据供需链预测到这个问题，从而实现低库存率和高订单率。

作为公司决定性战略的一部分，所有以上提到的工作都以协作方式完成。战略由公司最高层制定，自上而下贯彻到各级决策人。企业的雇员大都精通数字或者了解掌握最好的证据和量化工具的重要性，因此能做出最佳决策：无论决策大小，均能周而复始地贯穿于他们每天的工作之中。

尽管无数公司都在使用分析法，但只有区区几家公司能称得上精通。然而，分析型企业在他们各自的领域（消费品、金融、零售、旅游、娱乐）都是领头羊。美国第一资本金融公司一直以来都在使用分析法，该公司自上市以来每年每股收益增长都超过20%。使用分析

85

明智决策

法也让亚马逊成为网上零售业的霸主，公司在大量投资扩张以及基础设施建设的同时还能保持增长。在体育界，真正的秘密武器不是兴奋剂，而是统计学。波士顿红袜队、新英格兰爱国者队（New England Patriots）以及奥克兰运动家队 (Oakland A's) 引人注目的成功便印证了这一点。

在这些公司，精湛的处理数据技术已经成为品牌的一部分。前进保险公司（Progressive）通过详尽的个人保险费率创造了颠覆性的广告效应。亚马逊能让客户感受到公司正在逐步了解他们，因为随着购买次数的增加，公司提供的服务也变得更有目的性。迈克尔·刘易斯（Michael Lewis）的畅销书《钱与球》（Moneyball）向我们展示了统计学在职业棒球中的重要作用，因为这本书的缘故，奥克兰运动家队古怪的数字处理技术几乎同他们的高超球技一样出名。

为了找出分析型公司的共同特点，我和我的两个同事在波士顿学院（Boston College）的应用知识研究中心（Working Knowledge Research Center）对32家根据事实进行量化分析的公司进行了研究。我们将其中的11家划分为完全意义上的分析型公司，这意味着它们具有以下特征：公司最高管理层已经宣布分析法是战略核心，它们已经实行了多个涉及复杂数据和统计分析的举措，数据的量化分析活动由公司（而不是部门）来统一管理。

本文展示了这些擅用统计的公司的共同特点和习惯做法，并说明了其他公司想跟他们进行量化竞争必须要进行哪些转变。不难想象，实现这些转变需要技术上的大量投资、数据的大量积累以及数据管理公司战略的形成。当然，高管们的作用也同样重要。他们不但要表达出坚定不移的信念，还要付出始终不渝的努力和意愿去改变雇员们的思考方式、工作方式以及对待他们的方式。分析型公司之一哈拉斯的首席执行官加里·洛夫曼常说："我们真的认为这么做是正确的吗？或者说，我们知道这么做是正确的吗？"

对一个分析型公司的实例解析

目前处在鼎盛期的一个分析型公司是万豪国际集团（Marriott International）。在过去20年里，这家公司已经将他们为客房制定最优价格的系统打造成了一门科学［这项酒店业的核心分析法技术被称为收益管理（revenue management）］。现如今，万豪国际集团的雄心更加远大。通过酒店完全优化项目（Total Hotel Optimization），万豪国际集团已经把他们的量化分析技术推广到会议设施以及餐饮等领域，并且通过互联网将相关工具对财产收益经理和酒店所有者开放。万豪国际集团还开发了为老客户优化服务的系统，该系统还能评估这些客户转投其竞争者的可能性。万豪国际集团给了地方收益经理放弃采纳系统建议的权利，特别是当一些地方因素无法被系统预测的时候（比如因卡特里娜飓风而转移至休斯敦的大规模难民潮）。万豪国际集团甚至开发了一个收益机会模型，用以计算实际收益占最优收益的比例。自从收益管理分析法在全公司推广使用以来，这一比例便从83%上升至91%。在财产所有者和特许经营人之间流传着这样一句话：如果你想从你的库存中获取最大的利润，万豪国际集团的方法就是保障。

我们可以清楚地看到，万豪国际集团的经营管理方式与传统公司不同。客户在同公司打交道的过程中可以注意到这种不同，而公司的员工和零售商则使这种不同成为可能。我们在研究中发现了分析型公司的三个重要特征：

广泛使用模型及优化方法

任何一家公司都可以对一些业务指标做出简单的描述性统计，比

明智决策

如公司的人均收益、平均订单大小等。但是分析型公司做的远远不止诸如此类的基本统计。他们利用预测模型判断哪些顾客最有赢利价值，哪些顾客最有赢利潜质，以及哪些顾客最可能流失。他们将内部数据和从外部渠道获取的数据汇集到一起（他们对外部数据的分析要比不怎么重视分析法的竞争者更深入），以此来全面了解他们的客户。他们会优化他们的供应链，从而确定某个意料之外的因素可能造成的影响，并围绕问题模拟解决方案、发送货物。他们制定实时价格，争取从每一笔交易中获取最大的利润。他们也制作复杂的模型，描述经营成本与财务业绩的关系。

分析型公司还会用复杂的实验评估干预策略的整体效果，并把实验结果应用到以后的分析当中，使分析不断完善。比方说，美国第一资本金融公司每年要做三万多个实验，通过改变利率、激励方法、邮送的包装，以及其他可变量，将潜在客户办理信用卡的可能性最大化。

前进公司也使用常见的保险业数据进行类似实验。公司定义了小范围客户群，比如30岁以上（含30岁）、受过大学教育、信用分数超过一定水平、没有事故记录的摩托车驾驶员。对每个小范围客户群，公司都进行回归分析，找出与这群人产生亏损最密切相关的因素，然后专门为这些客户群定价，这么做使公司从不同客户群的一揽子业务中能获得利润。同时公司还使用模拟软件验证这些理论假设在财务上的意义。这种方法使前进公司在传统高风险领域依然能锁定客户、获取利润，而且并不需要更深入地研究数据［尽管就连好事达（Allstate）这样的传统公司也开始把分析法作为策略］。

使用公司管理模式

分析型公司清楚，所有业务部门的业绩都能通过高级量化技术得到改进，即使像营销这类传统上依赖于技艺而非科学的部门也不例外。这些公司不是依靠哪一款杀手应用程序取得竞争优势，而是从能支持多项业务活动的多款应用程序中获益。这些程序偶尔会经客户和供应商传播开来。

联合包裹速递服务公司（UPS）是一个从目标分析法转型为完全意义上的分析型公司的典型代表。尽管联合速递是全世界从事营运研究和行业设计最活跃的公司之一，公司的业务范围却相当狭窄，这种状况直到最近才有所改观。现在，联合速递利用统计技术跟踪包裹的传运，通过评估顾客流失的可能性和查找问题根源来预测、影响人们的行为。比如说，联合包裹速递的客户情报小组（UPS Customer Intelligence Group）就能通过分析使用服务的类型和投诉准确判断客户流失量。当数据显示某客户可能会流失时，销售人员便会联系该客户，及时了解和解决问题，这样做大幅减少了客户流失率。联合速递的新程序还没有像那些完全意义上的分析型公司那样多样化，但它正在朝这个方向前进。

分析型公司把所有来源、性质不同的活动汇总，冠以统一的名称，比如美国第一资本金融公司的"信息化策略"（information-based strategy）和巴克莱银行（Barclays Bank）的"信息化客户管理"（information-based customer management）。这些项目不仅有同样的名称，而且受同样的人领导，使用同样的技术和工具。在传统公司里，"商业情报"（business intelligence，IT从业人员多用来指分析法、报告程序和报告软件）基本由部门管理，数字处理的职能部门自主选择处理工具、控制数据库、培训分析人员。但混乱也随之产生，一方面，各式各样的电子表格和数据库会不可避免地产生多个关键指标。其次，调查表明，20%至40%的电子表格都会出现错误，一个公司使用的电子表格越多，出错的机会也就越大。与此相反，分析型公司会设立专门的小组，保证关键数据和

明智决策

资源的统一管理，以及不同部门之间可以轻松共享数据，不受格式、定义、标准不统一的困扰。

一些分析型公司还将同样的公司管理方法应用到雇员身上。比方说，宝洁公司（Procter & Gamble）最近就创立了一个由100多名分析师组成的分析小组，这些分析师分别来自经营、供应链、销售、客户研究等不同职能部门。虽然大部分分析师在不同部门工作，但他们都服从小组的统一调配管理。得益于这一举措，宝洁可以迅速利用不同的专业知识来解决最迫切的问题。比方说，营销分析师可以将目前市场增长机会的数据提供给设计供应网的分析师。设计供应网的分析师又能将他们在决策分析技术方面的专业知识应用到竞争情报这样的新领域。

宝洁的这个分析小组也提高了公司内利用分析法和数据进行决策的透明度。在这之前，宝洁的分析师帮助公司改善了业务流程、节省了成本，但是由于他们在不同的环境中工作，很多高管并不清楚他们为公司提供了怎样的服务，他们能有多么高效。现在，这些高管能更好地利用智囊为项目服务。高超的信息处理技术也成了宝洁向投资商、媒体以及大众宣讲的内容之一。

高层支持

要想在全公司范围内使用分析法，就必须改变传统的企业文化、业务流程以及员工技能。要促成这一转变，公司的最高领导层必须有使用量化分析的热情。推行分析法最理想的人选是公司的首席执行官。在过去几年中，确实有几位非最高层的管理者在他们各自的公司成功推行了分析法，比如哈拉斯公司的洛夫曼，亚马逊的杰夫·贝索斯（Jeff Bezos）和美国第一资本金融公司的里奇·费尔班克（Rich

Fairbank）。莎莉公司（Sara Lee Backery）的前首席执行官巴里·贝拉查（Barry Beracha）离任之前，他的办公桌上总放着一块牌子，上面概括了他的个人和企业哲学："我们只相信上帝，其他人用数据说话"。一些公司职能部门的负责人试图将分析法推广至整个公司，其中一些人也确实收到了效果。但总的来说，低级别的领导者缺乏改变公司文化所需要的影响力和通观全局的眼界。

致力于推行分析法的首席执行官们必须熟悉并热爱分析法。他们不一定要有统计学方面的背景，但他们一定要理解不同量化方法背后的理论，从而能发现这些方法的局限性，包括哪些因素已经考虑到了、哪些因素没有。首席执行官们需要技术帮助时，他们会向既懂得业务又知道如何在业务中使用分析法的专家请教。我们采访了几位首席执行官，他们都表示已经聘请了这方面的顾问，并强调，有必要任用一些能深入浅出地解释分析理论，又能信得过的人。我们采访过的首席执行官中的有几位身边聚集了各类分析人士：教授、顾问、麻省理工毕业生等。当然，这并不是一种行业惯例，只是个人喜好。

当然，不是所有决策都应该根据分析法做出，至少不完全是这样。特别是在人事问题上，凭管理者的直觉和对员工的了解就够了。现在更多的公司利用统计分析来做招聘决策（见本文后附录《为数字说话》）。但研究表明，人能够基于简单的观察做出准确而快速的性格判断。对于有分析头脑的领导者来说，他们要懂得什么时候相信数字，什么时候相信直觉。

他们的优势之源

分析型公司绝不仅仅是数字处理工厂。他们刚柔并济地将分析技

明智决策

术应用到各种业务问题中。他们也致力于寻找正确的重心，建立适当的公司文化，以及聘用合适的人，从而能优化使用他们"生产"的数据。最后，人员、策略，加上信息技术，便成为他们的优势之源。

正确的重心

尽管分析型公司提倡所有决策都依据分析做出，但由于数据分析是一项资源密集型技术，他们也要选择在哪里使用它。总的来说，他们会选择一项整体战略下的某几个职能或对几种举措使用分析法。比如，哈拉斯将大部分分析资源用在了提高客户忠诚度、改善客户服务以及定价、促销上。联合速递也将他们的重心从物流扩展到客户，以便能提供更优质的服务。当不同战略在分析型公司内交错使用时，我们采访过的高管也告诫说，公司应当避免精力太过分散，或者看不清各项举措背后的商业目的。

在分配资源时还要考虑一些职能部门在多大程度上适合进行深入分析。分析活动至少有七个普通性的目标，具体行业还可能有其自己的目标（参见图表"可以考虑的事情"）。一些可能提高业绩的统计模型和算法使分析前景格外诱人。比方说，营销因为根植心理学，传统上很难量化。但现在消费品公司可以使用多属性效用理论来进行市场调研，该理论是一种用来了解和预判消费者行为和决定的工具。同样，广告行业也开始使用计量经济学（用来统计一定时期内不同广告和促销带来的增长的统计方法）。

分析型公司不但使用分析法分析自己的核心业务，也帮助他们的客户和零售商使用分析法。沃尔玛就坚持让供应商使用他们的零售管理系统（Retail Link）管理卖场的商品动态，策划促销活动以及卖场布局，减少脱销。嘉露酿酒公司（E.&J. Gallo）向他们的分销商提供关于零售商成本和定价的数据与分析，从而使他们能计算出每瓶嘉露95红酒的利润率。分销商用这些数据来帮助零售商优化他们的货品组合，同时说服他们增购嘉露的产品。作为"共同创造价值"项目的一部分，宝洁公司也向他们的零售商和供货商提供分析和数据，一方面让他们反应更积极，另一方面降低成本。医疗器械供应商欧文斯麦诺公司（Owens & Minor）也提供了类似的服务，帮助客户和供应商利用他们的买卖数据跟踪订单模式以寻求合并机会，将合同外购买变成共同合同，其中包括麦诺公司及其竞争者的产品。公司可以让他们供应链中的某一家医院的管理者看到，通过合并多个地点的购买订单他们能省多少钱，或者让他们看到，增加发货频率如何会抵消库存成本。

可以考虑的事情

分析型公司科学利用统计数字和模型改进多种业务职能。下面就是统计学在公司内的几种普遍应用：

职能	描述	范例公司
供应链	模拟、优化供应链物流；减少积压和脱销	戴尔、沃尔玛、亚马逊
客户选择、忠诚度和服务	发现最有赢利潜质的客户；增加他们购买商品或服务的可能性；保持他们的忠诚	哈拉斯、第一资本金融公司、巴克莱
定价	发现能使利润最大化的价格	前进、马里奥特
人力资本	以特定的薪酬水平为特定的岗位或工作挑选最合适的人选	新英格兰爱国者队、奥克兰运动家队、波士顿红袜队
产品和服务质量	及早发现并尽量减少质量问题	本田（Honda）、英特尔公司
财务业绩	更好地理解财务业绩的驱动因素以及非财务因素的作用	美国微波通信公司、韦里孙（Verizon）
研发	提高质量、效率以及某些产品和服务的安全性	诺华（Novartis）、亚马逊、雅虎

明智决策

正确的文化

　　文化是一个软概念，而分析法是一个硬约束。然而，分析型企业必须在公司上下建立一种尊重测定、考核和评估量化数据的文化。公司要求员工将扎实的事实作为一切决策的基础。员工们也清楚他们的表现会以同样的方式被评估。分析型公司中的人力资源部门纷纷将测定指标应用到薪酬和奖金制度上。比如，哈拉斯将原先家长制和终身雇用制基础上的奖赏文化改变为以仔细计算出来的业绩数据（比如财务和客服数据）为基础的奖赏文化。高管们也以身作则，表现出对数据和分析的渴望和信心。莎莉公司的贝拉查就是这样做领导的。他被员工们戏称为"数据狂"（data dog），因为他总是要求他们用数据来支撑所有判断和假设。

　　可以想象，在分析型公司里，创新的冲动与对数据的要求会时有冲突。一些公司对不切实际的研发不大感兴趣，他们的设计人员或工程师不会按照什么人的灵机一动去做事。这些公司里的研发部门像其他职能部门一样都严格使用测定指标。在雅虎、前进、第一资本金融公司，流程和产品的变化都会先进行小范围实验，实验成功后再大范围推广。这种方法在工程学、质量监管、心理学等多个学科和商业领域广泛使用，它可以用到公司大部分职能中去，即使是像人力资源和客服这样不明显依赖测定指标的部门。比方说，人力资源部门会为所有经理人的性格特点和领导方式建立档案，并在不同的环境下检验这些经理人。然后，该部门可以通过比较他们的个人表现数据和性格数据，确定哪些人适合管理一个完不成进度的项目，哪些人适合帮助一个新成立的小组彼此融合。

　　有时候，改变或者实验的决策必须迅速做出，以致没有时间做深入细致的分析。也有的时候，没办法事先获取数据。比方说，即便亚马逊的杰夫·贝索斯强烈主张在推出新功能之前先要量化分析用户反应，但这只有对数量庞大的书（至少12万本）进行分析之后才能检验出书内搜索的功能是否受欢迎。量化分析技术的研发费用也很高，这也增加了风险。在贝索斯这个例子里，他最终相信了直觉，推广了该功能，而这个功能一经推出便受到欢迎。

正确的人

分析型公司雇用懂分析法的人，并且像所有竞争人才的公司一样，他们寻找最好的分析人士。当亚马逊需要为其全球供应链寻找一名新舵手时，他们选择了于刚，于刚是一名管理学教授和软件企业家，也是世界上最精通优化分析法的权威人士之一。亚马逊的商业模型要求公司必须保证新产品、供应商、客户、促销活动以及按期发货单从不间断。自于刚上任以来，他和他的团队一直致力于建立完善的供应链体系以优化商业流程。他虽然常将"非静态随机过程"（nonstationary stochastic process）这类的术语挂在嘴边，但也善于以简单明了的商业语言向亚马逊的管理者们解释新方法。

许多像美国第一资本金融公司这样有名的分析型企业雇用大批分析师来进行量化实验，再根据结果设计信用卡和其他金融服务。这些工作需要一套专门的技术，正如职位描述中说的那样，应聘者需要具有：

很强的解决概念性问题的能力以及量化分析能力

工程、金融、咨询或其他量化分析方面的工作背景和教育背景

快速学习使用应用软件的能力

有使用 Excel 模型的经验

拥有 MBA 等研究生学历者优先

明智决策

> 熟悉项目管理方法、统计学，使用过精益生产方式
> （Lean）、六西格玛管理理论等商业流程改进工具者优先

其他公司也雇用类似的人，但数量上要远少于分析型公司。第一资本现在正努力使分析人员和运营人员的比例达到3:1，这对于银行来说很少见。公司的一位管理者曾说道："我们是一家分析师的公司，分析是这里的头等大事。"

优秀的分析师也必须要具备以简单语言表达复杂概念的能力，他们还要掌握一定的人际关系技巧，能与决策人很好地共事。一家有一个30人的分析师小组的消费品公司声称他们需要"有个性魅力的专业人士"，这些人不但拥有数学、统计、数据分析方面的专业知识，也懂得商业语言，能够在公司内和公司外推销他们的想法。美联银行（Wachovia Bank）的一个客户分析师小组的负责人描述了他们的小组试图与公司其他人建立一种和睦关系："我们试图让我们的小组成为整个商业团队的一部分，我们希望他们能够围坐在会议桌前，同其他人一同讨论核心问题是什么，决定商业人士需要什么样的信息，并且向商业合伙人提供行动建议。我们希望这个小组不仅具有一般的效用，而且是整个公司成功的一个积极、重要的组成部分"。

当然，同时具备分析、商业和人际关系技能的人可能没那么容易找到。当赛仕软件公司（SAS，该公司和英特尔公司都为本项研究提供了资助）需要一名开发预测模型或递归拆分（recursive portioning，一种用来分析非常复杂的数据组的树形决策模型）一类的尖端商业应用软件方面的专家时，他们提前18个月就开始了招聘工作。

事实上，分析人才对21世纪第一个十年就像程序设计人才对20世纪最后一个十年那样重要。遗憾的是，美国和欧洲的人才市场上高级分析人才并不多。一些公司通过把相应工作承包给像印度这样拥有大批统计人才的国家来解决这一问题。只有当非本土的分析师要处理

的问题是相对独立的问题时，这一策略才起作用。如果某项工作需要分析师与决策者反复讨论，距离就可能成为主要障碍。

正确的技术

依靠分析法进行竞争就意味着依靠技术进行竞争。当最认真的分析型企业研究最新的统计方法和科学的决策方法时，他们也在不断地跟踪和推进最新的信息技术。一家消费品公司的分析小组甚至设计制造了自己的巨型电子计算机，因为他们觉得市场上的计算模型无法满足他们的需求。在大部分情况下，如此壮举并无必要，但好的分析技术却必须要有以下几个部分：

一项数据策略。许多公司投资数百亿建设几乎能够从所有数据源中获取数据的系统。企业资源规划系统、客户关系管理系统、电脑收银系统以及能保证每一笔业务或者重要交易的数据都会被保存下来的其他系统。但如果要利用这些信息竞争，公司必须把它们用标准格式做出来，并整合、储存到数据库中，这样一来所有员工都能很方便地使用它们。公司通常需要很多这样的信息。比方说，一个公司在手头有足够数据来准确分析某个广告宣传的有效性之前，可能要花费几年时间去收集关于不同营销方式的数据。戴尔公司委托 DDB Matrix 公司［该公司是恒信传媒集团（DDB Worldwide）旗下的一个广告公司］在七年时间里创建一个数据库，该数据库收录了所有计算机制造商的印刷广告、无线电广告、网络电视广告和有线广告的数据，总计150万条，还收集了戴尔在每一个做广告地区的销售数据（包括广告前和广告后）。戴尔将根据这些信息精确调整其在每个地区、每种媒介上的广告宣传活动。

商业智能软件。商业智能这个词最初出现于20世纪80年代末，

明智决策

它指一系列商业流程以及用来收集、分析、散播数据的软件，这些流程和软件最终都用来帮助决策人做出更好的决策。员工们可以利用商业智能工具来抽取、转化、加载数据（extract, transform and load, 业内人士通常称为 ETL）供分析之用，并把分析过程和结果记录在报告、通知和记分卡中。分析法的竞争之所以变得白热化，部分原因在于出现了这些工具的集成软件包。

计算硬件。分析法应用软件需要处理大量数据这一点经常让低端的计算机和服务器无用武之地。许多分析型企业将他们的硬件升级到 64 位处理器，以便能快速处理大量数据。

前路漫漫

大部分行业的大部分公司都有绝佳的理由采取使用分析法的竞争策略。几乎所有全面使用分析法的企业都在他们的领域占绝对统治地位，而他们的成功大部分归功于高超的数据处理技术。日益激烈的全球竞争要求企业必须熟悉数据处理技术。西方企业无法在产品成本上打败他们的印度或中国竞争者，他们可以在优化商业流程上胜人一筹。

刚刚开始采取这种竞争策略的公司会发现，他们需要几年时间才能获得回报。我们研究中涉及的企业都经历了漫长甚至曲折的发展过程。巴克莱银行的英国客户信用卡与贷款部（UK Customer Cards and Loans）历经五年才实现了分析法在信用卡和其他金融产品营销上的应用。为了实现这一应用，公司几乎要对客户业务的方方面面都做出改变：核保风险、设定信用额度、账户服务、控制欺诈和交叉销售等等。技术方面，公司需要整合一千万巴克莱客户的数据，提高数据质量，并且建立数据收集和分析系统。除此之外，公司还开展了一系列小实验，学习如何以最低成本吸引和保持最好的客户。要完成这些事，公司需要重新雇用拥有高超分析技术的人。

公司在向分析型公司转型的过程中花费的大部分时间成本和经济成本都将投入到技术领域，用以改善产生交易数据的系统，将数据收集存入数据库中，建立硬件和通信环境。不保存历史记录的公司不会从他们的历史中得到任何经验教训，而那些只收集了很少量信息，或收集了错误信息的公司则需要重新汇集足够的数据才能做出准确的预判。"我们收集数据已经六七年了，但这些收集来的数据直到最近两三年才用上，因为我们需要时间和经验来验证基于数据做出的结论"。联合包裹速递服务公司的一位客户数据分析经理如是说。

新兴的分析型公司要不断为他们的人事部门补充新鲜血液。（当哈里·洛夫曼成为哈拉斯的首席运营官，继而成为公司首席执行官之后，他聘用了一大批统计人才，这些人能设计并执行根据分析数据做出的营销计划和客户忠诚度计划。）现有的职工也需要参加全面培训。他们必须知道有什么样的数据可以供他们利用以及所有分析信息的方法。他们还要能辨认像遗漏数据、重复数据、质量问题这样的不足之处。宝洁的一名分析高管人士曾对我说，公司现在需要延长经理们的任期，以便让他们有时间掌握相关的量化技术和方法。

德国病理学家鲁道夫·斐尔科（Rudolph Virchow）有句名言，科学的任务是"追寻可认知世界的极限"。分析型企业也有类似的目标，虽然他们需要探秘的是一个范围比较有限的世界，它的范围仅限于客户行为、物流、员工绩效以及财务反应。技术上的日益精细让公司能够更好地处理运营中的每一个细节。

奥克兰运动家队不是唯一玩转"钱与球"的队伍，所有公司都想加入到这个游戏中来。

为数字说话

"靠分析还是靠直觉"这一争议话题在上两届美国总统大选中一直为政治评论家所津津乐道。随着几本畅销书和几场高调的胜利的到来，这一争论在职业体育界也流行起来。从目前来看，靠分析的言论占了上风。

值得注意的是，在对球员的选择和部署上统计学都发挥着重要作用。迈克尔·刘易斯的《钱与球》专门讨论了奥克兰运动家棒球队如何利用分析法来选择球员，该队的特点是他们总能花很少的成本取胜。英格兰爱国者棒球队也在统计方法上投入了相当的精力，该队取得了过去四届超级杯中的三届冠军，但他们的工资水平仅在联盟中排第24位。波士顿红袜队更是奉行所谓的"棒球数据分析法"（sabermetrics，指分析法在棒球中的应用），他们甚至聘用了著名的棒球统计学家比尔·詹姆斯（Bill James），"棒球数据分析法"这个词正是因他而流行起来。人力资源的战略分析也在欧洲足球界流行起来。顶尖球队之一的意大利AC米兰队（A.C. Milan）在他们的米兰实验室（Milan Lab）研究中心使用预测模型分析从不同渠道获得的生理学、心理学和整形外科数据，来防止球员受伤。正在迅速崛起的英国足球队博尔顿漫游者队（Bolton Wanderers）以俱乐部经理使用大量数据评估球员的表现而闻名。

然而，体育经理们跟商业高管们一样，很少全凭数据或感觉行事。圣路易斯红雀队（St. Louis Cardinals）经理托尼·拉鲁萨（Tony La Russa）将分析法与直觉巧妙地结合，决定什么时候将一个憋足了劲的球员换上场，或者是否应该引进一名核心球员以提高全队士气。巴兹·比辛格（Buzz Bissinger）在他的新书《八月的三个夜晚》(*Three Nights in August*) 中这样描述分析与直觉间的平衡:"拉鲁萨重视计算机给出的信息。他会仔细研究每一行每一列的内容。但他也知道在棒球上计算机能告诉你的只有这么多,有时候过度的分析还会像一团迷雾,把人给弄糊涂。他知道求胜的欲望是无法量化的。有了24年的管理经验,那些数字对他来说足够了。"

最后一句话是关键所在。是仔细分析某个员工的绩效记录,还是观察他脸上一闪而过的表情,领导者们依据他们的经验来理解这些不同形式的"证据"。

如果贵公司有以下特征,
那么便已经在分析型竞争企业之列:

1. 公司不仅将高级信息系统和严格的分析法用于核心职能部门,也用于像产品营销和人力资源这样的其他职能部门。

2. 公司的高管团队不仅认识到分析法的重要性,更将开发和维护分析法作为重中之重。

3. 公司不仅把根据数据做决策视作最好的决策手段,更把它视作公司高管不断倡导、宣传的企业文化的一部分。

4. 公司不仅聘用分析人才,更大批聘用分析精英,并且认为他们是成功的关键。

5. 公司不但在几乎所有的职能部门使用分析法,更把分析法作为重要战略,由公司负责贯彻执行。

6. 公司不仅擅长数字处理,还能在重要商业流程中发明自己的专利度量。

7. 公司不仅内部使用大量数据和分析,还将它们与客户和供应商共享。

8. 公司不仅积极处理数据，也抓住一切机会产生数据，从而建立一种基于大量小试验的"从试验中学习"的企业文化。

9. 公司不仅已经下决心靠分析法进行竞争，而且已经花费数年打造自己的实力。

10. 公司不仅内部重视分析法，并且把量化分析在年度报告和讨论中与财务分析人员共享。

本文最初发表于 2006 年 1 月

再版版权号 R0601H

决策与意愿

加德纳·莫尔斯（Gardiner Morse）

概要

　　决策过程不总受我们支配。决策中我们一时被情绪左右，一时又苦于拿不定主意。最后，我们灵机一动，做出了一个绝妙的决定，而我们自己都不知道是怎么做出来的。虽然我们不清楚决策的过程究竟是如何发生的，研究我们大脑深处神经系统的科学家已经渐渐有了结论。他们的发现我们不一定听得进去，但还是值得一听。

　　人脑的结构与狗脑基本相似，只不过上面覆盖了大脑皮质。神经学家通过观察人脑在思考和决策时的活动，发现了我们动物脑的部分时刻都在与大脑皮质交流信息，影响我们的决策。科学家们已经发现，大脑中的奖赏回路（reward circuit）除了在接受可卡因、巧克力、性以及音乐刺激后产生

103

明智决策

兴奋之外，在有赚钱或报仇的期望时也会产生相似的兴奋。憎恶回路（aversion circuit）不但会对疼痛做出反应，我们受到商业伙伴欺骗时也会做出反应。

下面这篇文章中，《哈佛商业评论》（HBR）的高级编辑加德纳·莫尔斯描述了一系列实验，它们都展示了我们受情绪驱动的动物脑如何积极参与决策过程。该研究也表明，我们大脑情绪区的活动不总需要指令来完成。虽然我们的动物脑有时候会妨碍高级认知功能，让我们做出不合乎逻辑的决策，但它对理性决策过程也有重要作用。我们对决策过程了解得越多，就越能把握它。

决策的过程不总受我们支配。我们有时候太感情用事，有时候又太深思熟虑。决策中我们一时被情绪左右，一时又苦于拿不定主意。最后，我们灵机一动，做出了一个绝妙的决定，而我们自己都不知道是怎么做出来的。虽然我们不清楚决策的过程究竟是如何发生的，研究我们大脑深处神经系统的科学家们已经渐渐有了结论。他们的发现我们不一定听得进去，但还是值得一听。

科学家们观察分析得越细致，就越发现我们同动物何其相似。人脑的结构与狗脑基本相似，只不过上面覆盖了大脑皮质，可以说是一层文明。大脑皮质在进化的后期才出现，规划、思考、决策的大脑活动主要发生在这里。但我们原始动物脑的部分也在时刻与大脑皮质交流信息，影响我们的决策，我们自己对这一过程毫不知情。

利用测量大脑活动的扫描设备，科学家们可以发现大脑的不同部分在我们做决策时如何分工协作，或相互较量。神经系统科学还不能很快找出好的决策手段，或者控制决策过程的方法 [尽管所谓的"神经营销学"（neuromarketing）现在被炒得沸沸扬扬]。但我们越是了解决策过程，就越能掌握它。

大脑深处探秘

设想一下我们在做最后通牒博弈（ultimatum game）的时候大脑会如何活动。最后通牒博弈是一个有名的经济学实验，两个参与者在一场简单交涉中对峙。参与者之一从10美元中分出一部分给另一参与者。假设你是收钱人，她可以分给你从0到10美元不等的任何数目，如果你同意她的方案，她就得到剩下的钱。你也可以拒绝她的提议，但你一旦拒绝，你们俩都将一无所获。根据博弈理论，不管她分给你多少你都应该接受，因为有总比没有好。

当然实际情况却不是这样。在实验中，当分到的钱少到两三美元时，接收的一方几乎都会拒绝，放弃这即将到手的几美元。可这到底是为什么呢？参与者会长篇大论地告诉你，他们之所以拒绝是因为对同伴的吝啬感到气愤（这样做同伴也一分钱都拿不到）。这不是个完全理智的选择。这时候就是我们的动物脑部分在起作用。

亚利桑那大学（University of Arizona）的认知神经学家艾伦·桑菲（Alan Sanfey）与他的同事使用功能性核磁共振成像（fMRI）扫描仪观测博弈者的大脑（关于大脑扫描技术的简单描述请参见本文后的附录"大脑中的彩色斑块"）。当分配变得越来越不均时，前脑岛就会越来越活跃，似乎象征着怒火的不断积聚。前脑岛是动物脑的一部分，与产生负面情绪（如愤怒、厌恶）有关。与此同时，大脑上部前额叶皮质的一个区域也在非常活跃地评估形势，这个区域与定位目标有关（在这个事例中是赚钱）。通过观测这些区域的活动，桑菲他们描绘了一个理智与情感相互角力、试图影响博弈者决定的景象。是惩罚这个混蛋，还是忍气吞声地拿钱？当产生憎恶感的前脑岛比定位目标的前额叶皮质更为活跃时，博弈者就会拒绝提议。如果前额叶皮质更活跃，博弈者就会接受提议。（有关大脑的结构请参见本文后的附录"三合

105

明智决策

一的大脑"。)

类似这样的实验都证明，受情绪驱动的动物脑会积极参与所有决策活动。实验也开始揭示出，与奖赏和憎恶等情感有关的原始脑回路在决策过程中的复杂反应。最后通牒博弈证明了动物脑有时候会阻碍高级认知功能起作用，让我们做出至少是不合乎逻辑的决定。但是我们在下面将会看到，动物脑在理性决策中也发挥着重要作用。

理智与情绪

很早就有人告诉我们，头脑冷静才能做出正确的决定。神经病学家安东尼奥·达马西奥（Antonio Damasio）1994年出版的《笛卡尔的错误》（*Descartes' Error*）一书也提到了这一现象。在决策过程中我们最不希望看到的事是被情绪牵着鼻子走。达马西奥写道，理性至上的一派观点认为，"形式逻辑引领我们找到解决问题的最佳方法……要做出最好的决策，必须排除情绪的困扰"。达马西奥的研究推翻了这一观点。以神经病学领域多位学者〔包括马塞尔·梅苏拉姆（Marsel Mesulam），伦纳特·海默（Lennart Heimer），莫蒂默·米什金（Mortimer Mishkin）〕的研究为基础，达马西奥发现了前额叶皮质受损的病人连做最基本的决策都有困难，而前额叶皮质正是产生情绪的区域，换言之，它听命于情绪。

20年前，一位名叫艾利奥特（Elliot）的患者是第一个让达马西奥脑子里产生这个不可思议的可能性的人。艾利奥特曾是一个模范丈夫、父亲和商人。但是他后来患上了严重的头痛，并且开始记不清工作上的事。他的医生很快发现了他脑子里长了一个橘子大小的肿瘤，正在向额叶处发展，他们切除了脑瘤，并把一些受损的脑组织也一并切除了。在他手术恢复期间，他的家人和朋友发现（用达马西奥的话说）"艾利奥特不再是艾利奥特了"。虽然他的语言和智力没有受任何影响，但他变得很难集中精力，并且不能按进度做事。他常常要花一个下午来思考一个简单的组织问题。他是应该按照日期还是按照文件的大小，抑或按照相关性来整理文件？事实上，他考虑得太全面了，考虑到了完成任务所有可能的选择，但是却以牺牲更大目标为代价。他不再能有效地做决定，尤其是当遇到个人和社会问题的时候，虽然他反复表现出这个缺点，但就是改不掉。

虽然脑扫描显示艾利奥特的额叶中心部分有零星的损伤，但测试结果表明他的智力、记忆力、学习能力和语言能力都完好无损。但是当艾利奥特接受情绪反应试验时，他问题的真正原因就渐渐浮出水面。看过几张能引起强烈情绪反应的照片（受伤的人和起火的房子）后，他无动于衷。曾经能引起他强烈情绪反应的东西现在对他不起任何作用。

接下来，达马西奥和他的同事研究了50名受到同样大脑损伤的患者，这些患者也表现出像艾利奥特一样的情绪和决策问题。研究者已经发现，当患者边缘系统受损时，做决定就会有困难。边缘系统是一组原始的脑结构，对产生情绪有重要作用。在大脑的理智与情绪之间的对话中有某种东西对决策过程至关重要，但这究竟是什么东西呢？

是直觉，或预感，或者用达马西奥自己的话来说叫"前预感"。安托万·贝查拉（Antoine Bechara）[安托万是达马西奥在艾奥瓦大学（University of Iowa）的同事]设计的一系列知名实验发现，和艾利奥特一样脑部受到损伤导致情绪受到压抑的患者玩扑克牌的时候通常很晚才发觉自己快输了[马尔科姆·格拉德韦尔（Malcolm Gladwell）在他的畅销书《眨眼之间》（Blink）中描述了这种扑克游戏]。

游戏参与者从红蓝两副牌中选牌，每选一次牌都会赢钱或输钱。参与者被连到测谎仪之类的仪器上，这些仪器能测量皮肤传导反应

107

明智决策

（SCR，skin conductance response），当你压力增大、手掌出汗时，反应数值就会攀升。大部分的游戏参与者选了50张左右的牌之后就会意识到红色的牌不对劲，再选30张牌之后他们就知道问题究竟出在哪里。但是当选到10张牌的时候，再选红色牌时他们的手掌就会出汗。在这个时候他们的大脑就已经察觉红色牌有问题，并试图不去选红色牌，但他们在40张牌之后才清楚意识到这个问题，再过30张牌才能解释这个问题。早在他们意识到问题之前，他们的潜意识已经告诉他们不要选红色牌。

虽然脑部受损的患者最终也会发现红色牌对他们不利，但他们自始至终都没有手掌出汗的皮肤传导反应。并且，尽管他们意识到怎样选择更有利，但他们还是会选红色牌。他们到底出了什么问题？他们前额叶皮质受损的部分无法处理指导决策的情绪信号。没有这个情绪处理器指引他们选择对自己有利的牌，这些患者便一直在原地打转，无法依据大脑获得的信息行事。很显然，他们判断不出怎么做对他们最有利，也就是说他们缺乏良好的判断力。

风险与奖赏

即使不是神经学家，你也能知道分管情绪的大脑会如何扭曲我们的判断。问问任何父母就能得到答案。孩子们缺乏常识，这种缺乏往往非常危险。刚学会走路的孩子会爬到架子上拿糖果，青少年会偷偷摸摸地进行无保护的性行为。他们这些不良行为看起来像是有意识的反叛（有时候确实如此），但是真正的问题可能是他们的大脑还没有发育完全，还没有形成能明智地衡量风险与奖赏从而做出理智决定的脑回路。

大脑的额叶对决策来说至关重要，但它直到青春期之后才发育完全。青春期之前，连接前额叶皮质和大脑其他部分的神经回路都一直在发育之中。同时，大脑中能够引发冲动行为的部分在青春期正达到鼎盛状态。埃默里大学（Emory University）的格雷戈里·伯恩斯（Gregory Berns）及其同事发现，青少年大脑中正在发育的神经回路，在接受能带来快感的新鲜事物刺激后，会变得格外兴奋。青少年的大脑会偏爱眼前能给人惊喜的奖赏，即使他们很清楚追求这种奖赏并不明智。

也就是说，青少年的大脑中产生意志力的回路还需要继续发育完善。前额叶皮质正是产生意志力的地方，意志力是一种能从长远角度衡量风险与奖赏的能力。这部分大脑也同产生情绪的大脑结构和回路紧密联系，后者寻求满足，也向我们警示危险。

我们的大脑中原始与现代部分之间的几乎所有交流都与衡量风险与奖赏相关。虽然动物的奖赏与憎恶回路与我们非常相似，但是与大部分动物不同，我们能将眼光放得更长远，看到追求眼前的满足可能带来的后果。我们也能从对未来满足的展望中获得快感。

狩猎的刺激

萨特（Jean-Paul Sartre）是出了名的花花公子，但对他来说真正的乐趣在于追求的过程。路易斯·梅纳德（Louis Menand）在《纽约客》（New Yorker）中评价他说："他总是从征服中获得巨大满足，但对性本身却没有多大兴趣（因此他每次性交总是草草了事）"。萨特的例子很好地说明了我们的大脑如何体验奖赏。不论是性征服、有风险的交易还是让人上瘾的毒品，我们的大脑总是将狩猎的刺激和饱食猎

109

明智决策

物的愉悦区分得很清楚。

　　大脑对奖赏的渴求是导致判断失误的主要原因，对青少年和成年人来说都是这样。但仅把一味追求奖赏的过错归结于一部分大脑是不对的，因为大脑的奖赏系统由若干个回路组成，它们遍布整个大脑，从上到下，有老有新。这些回路共同起作用，使我们追求喜爱之物，并且告诉我们什么时候目的已达到。麻省总医院（Massachusetts General Hospital）的神经学家汉斯·布里特（Hans Breiter）是使用fMRI来研究奖赏系统的先驱之一。在与行为经济学家丹尼尔·卡尼曼（Daniel Kahneman）及同事的合作中，布里特发现了大脑中受可卡因和吗啡的刺激产生兴奋的区域在有希望赚钱和实际收钱时也会产生同样的兴奋。所以，巧克力、性、音乐、漂亮脸蛋和跑车会对该奖赏系统形成类似刺激也就并不奇怪了。但奇怪的是，接下来我们会看到，报复心理也会对奖赏系统形成刺激（虽然布里特等人的研究表明大脑的奖赏回路与憎恶回路有很大一部分重合，为避免将问题复杂化，本文将他们分开讨论）。

　　奖赏回路依靠一些化学物质来传递信息，其中最主要的是一种叫多巴胺（dopamine）的神经传递介质。多巴胺常被认为是大脑的"愉悦化学物"，但是这一命名事实上毫无道理。更确切地说，它能够调节或提高愉悦感［作家史蒂文·约翰逊（Steven Johnson）把它叫做"愉悦感会计"］。多巴胺产生于原始脑组织，用于调节大脑对奖赏的渴望程度以及对奖赏是否达到预期的认知。

　　适度的渴望是生存的必要条件。没有这些心理驱动，我们的祖先不会打猎充饥或寻找性伴侣，我们也就不会坐在这儿看这篇文章了。根据同样的理由，不加控制地寻求奖赏也不是适应生存的表现，多巴胺分泌系统遭到破坏的病人的表现已经证明了这一点。我们看一看布鲁斯（Bruce，化名）身上发生了什么。他是一名电脑程序员，没有精神病史。此前从未痴迷于赌博的布鲁斯41岁时突然变成了一个强迫性赌徒，几周的时间内在因特网上输掉了数千美元。他还强迫性购物，买了一些自己既不需要也不想要的东西。他开始一天内向他妻子提出几次性要求，他妻子对此警觉起来。

布鲁斯的问题在医学史上也许不值一提，但有一个细节值得注意：他患有帕金森氏症。就在他的强迫行为开始之前，他的神经科医生将一种新药加到了他的处方当中——普拉克索（pramipexole）。该药模拟多巴胺，能缓解患者的身体抖动。布鲁斯向他的神经科医生描述了他最近令人担忧的强迫行为后，医生怀疑可能跟普拉克索有关，建议他减少服用剂量。布鲁斯随后完全停服该药。两天之后，他所有赌博、购物、一天内性交多次的愿望全都消失了，用他自己的话来说，就像"电灯开关被关了一样"。

类似布鲁斯的例子向我们揭示了，在多巴胺的作用下，人对奖赏的渴望会变得多么强烈，以至于能完全压倒理性（对奖赏的渴望与奖赏本身是两回事）。但是我们其他人为什么能较好地摆平奖赏与风险呢？比起布鲁斯，我们显然能更好地权衡得失，但是起作用的是同一回路，并且有时候我们的决定也不像我们想象的那么理性。

让我看到钱

经济学家们认为，人们之所以工作，是因为他们相信钱能买来有用之物（经济学术语叫"钱的效用"）。但神经科学的研究表明追逐钱的过程才是真正的乐趣所在。斯坦福大学（Stanford）的神经学家布莱恩·克努森（Brian Knutson）在一组实验中使用功能性核磁共振成像观测受测者在将要得到钱时的大脑活动。在这项实验中，活跃的大脑

明智决策

区域是伏核（nucleus accumbens），活跃的伏核以原始的方式发出信号"我想要钱"（伏核附近植入了电极的老鼠会不断压动杠杆刺激该区域，直到精疲力竭为止。）。可能得到的钱越多，伏核就会变得越兴奋。但受测者拿到钱之后，活跃就停止了，这表明让他们兴奋的不是钱本身，而是对钱的期待。

正像克努森说的那样，伏核像是一个加速踏板，让我们对奖赏的渴求不断加剧，与此同时，前额叶皮质的相关部分是方向盘，将我们的渴求指引到具体目标上。在赚钱这个问题上，有伏核这个加速踏板经常是有利的，比如说，它让我们在工作中好好表现。但是每当我们踩油门的时候，我们都希望正朝正确的方向前进。

甜蜜的报复

钱、食物、性能刺激我们的奖赏系统这并不奇怪。但是报仇为什么也可以？看一下克拉拉·哈里斯（Clara Harris）的例子。她的名字也许平淡无奇，但她的情况确实有特别之处。哈里斯是休斯敦（Houston）的牙医。2002年，在一家旅馆的停车场她撞见自己的丈夫和他的情妇（原来是她的前台）在一起。一怒之下，她开着自己的梅赛德斯车（Mercedes）将丈夫撞死。那个时候她在想什么呢？2003年她的谋杀罪名成立，根据当时美联社的报道，哈里斯在证词中提到："我根本不知道谁在开车……所有的事就像做梦一样……我脑子里面一片空白。"

没有人知道哈里斯把脚放在加速器上那一瞬间脑子里究竟想了些什么。但从她本人的证词和陪审团对她行为的认定"冲动之举"中可以看出，她当时被报复的怒火控制，以至于情绪完全压倒了理智。报复，或者说惩罚别人的不良行为的欲望（这种欲望甚至不惜以牺牲自己为代价），有时候确实会左右我们的决定。回想一下那个最后通牒博弈，参与者可以接受或者拒绝对方分钱的提议。艾伦·桑菲对有报复心理的人的脑扫描发现，他们大脑中不同程度地产生了厌恶感。但是凡有报仇经验的人都知道，报仇的欲望不是一种坏情绪；相反，报仇给人甜蜜的感受，甚至想到报仇都是如此。

苏黎世大学（University of Zurich）的研究人员多米尼克·德·奎尔文（Dominique J. F. de Quervain），厄恩斯特·费尔（Ernst Fehr）及同事用正电子断层扫描仪（PET）对正在进行一种类似最后通牒博弈的受测者进行大脑扫描。他们发现，受测者在想要惩罚分配不均的同伴和实际惩罚他们时，大脑纹状体的奖赏回路都会产生兴奋。纹状体越活跃，受测者就越愿意付出代价去惩罚对方。与此同时，研究者发现大脑内侧前额叶皮质也产生兴奋，这个位置较高的大脑部分负责思考，被认为是权衡风险与奖赏的部分。这次，神经学家们又一次用影像记录下了控制情绪与理智的大脑区域如何相互作用。

寻求奖赏的纹状体和权衡利弊的前额叶皮质不但会因为复仇的想法产生兴奋，它们在受测者期望奖赏友好的同伴的时候也会活跃起来。虽然博弈者的行为截然相反（奖赏或者惩罚），但他们的大脑却以同样的方式期待着一个能带来满足感的社会经历。

恐惧和厌恶

与奖赏回路一样，大脑对危险的感知和处理系统也非常强大，也

明智决策

一样容易出错。几乎每个人都要面对这个问题。比方说，许多人极度恐惧坐飞机，但这种恐惧跟飞机的真正危险无关。人们常常做出不合理的决定，乘汽车旅行而不是乘飞机旅行，内心里认为这样更安全，尽管他们也知道不是这么回事。

这种行为与脑杏仁核的作用有关，那是靠近大脑底部的一种结构。加州理工学院（California Institute of Technology）的行为与实验经济学家科林·卡默勒（Colin Camerer）把这种杏仁核称作一个"内部疑病患者"（internal hypochondriac），因为它对潜在的危险做出反应，快速释放不良情绪信号。它也被叫作"恐惧区"（fear site），因为它能产生恐惧反应，并根据经验对特定的刺激物产生恐惧心理。杏仁核对所有形式的潜在危险做出即时反应，对社交方面的危险格外敏感。这会让我们做出正确决定，但更多的时候是错误决定。

直面恐惧

让我们来看一看杏仁核是如何影响第一印象的。大脑扫描的实验表明，当我们看到蜘蛛、蛇、吓人的表情、看上去信不过的人以及异族人时，脑灰质颞叶前部的杏仁核会活跃起来。人们很容易看出，对蛇的"它有危险"的反应如何导致了正确决定，在一百万年前人类还过着游牧生活的时候更是这样。但是当我们看到异族人时内心的警觉也会让我们做出正确的决定吗？

核磁共振扫描研究发现，当白人看到黑人时，他们的杏仁核比见到白人时更活跃，对黑人来说也是如此，白人对他们杏仁核的刺激大于黑人。单独来看，这一发现并不说明人们的种族观念如何。但是哈佛大学的社会伦理学家马扎林·贝纳吉（Mahzarin Bannaji）及同事的研究发现，即使自认没有种族歧视的人也会对"异类人"（outgroups）——跟自己不一样的人——产生无意识的负面情绪（关于这本书的更多信息，参见"How (Un)ethical Are You?" by Banaji, Max Bazerman, and Dolly Chugh in the December 2003 issue of *Harvard Business Review*。）。研究者们还发现，受测者的无意识种族歧视越严重，杏仁核就越活跃。

　　研究者们在解释这些发现时非常慎重。我们的动物脑会自动对异族人产生恐惧这种简单结论也许并不合理。但是这项研究和其他相关研究也确实表明，我们大脑的先天构造似乎会让我们遇到异族人时不由自主地产生警觉（研究也表明，这种先天的恐惧反应可以随着与异族人正常接触的增多而减少。这项研究结果出现在另一篇文章中）。

　　一方面，我们应该庆幸我们的杏仁核在大脑清楚意识到危险之前便会提醒我们注意。这一脑回路对于我们的祖先来说不可或缺，它会让他们避开像蛇一类的危险，但今天，它也会让我们做出一系列不合理的错误决定。我们对异类人的恐惧让我们错失了无数的好机会。有些人主观上没有种族歧视，但他们也会因为杏仁核的作用对异族人产生警觉，从而做出错误决定，比如拒绝一份工作、放弃一次晋升机会或者拒绝一项贷款。

不幸之轮

　　杏仁核不但提醒我们注意真实存在的以及想象的危险，甚至当我们面对输钱的危险时，它也会起作用。在布里特的实验室中，研究者

115

明智决策

让受测者们眼睛盯着类似于轮盘赌的轮盘，同时观测他们的大脑活动。这些轮盘都有旋转的箭头，箭头停后指向一个具体的钱数，要么是赢，要么是输，要么是零。受测者一眼就可以明显看出，有的轮盘赢的可能大一些，有的轮盘输的可能大一些。当容易输钱的轮盘旋转的时候，受测者的杏仁核在箭头尚未停下之前就开始活跃，这表明他们对输钱的可能性感到不舒服。

除了杏仁核之外，大脑中还有另外一个对危险产生厌恶的区域，它也会让我们避开那些让人不舒服的刺激物。回忆一下，在最后通牒博弈中，前脑岛让我们对对手的分配不均感到厌恶，这一区域在我们感觉即将要感受疼痛或者看到骇人事件的时候也会活跃。像奖赏回路一样，由前脑岛和杏仁核组成的憎恶回路通常对我们是有好处的，只要它们不刺激我们过度反应和做错误决定。

我们来看看投资决策的情况。投资者本应该尽一切努力将效用最大化，但他们往往在不该冒险时冒险、不该保守时保守（使人们无法追求效用最大化的原因之一是人们以不同的态度看待相差无几的得与失：避免了100美元的损失往往比赚了100美元给人的感觉要好）。为了发现人们做出不恰当的投资决策时大脑如何活动，斯坦福的研究人员卡梅里亚·库南（Camelia Kuhnen）和布莱恩·克努森让受测者玩一个投资游戏，并用功能性核磁共振扫描仪扫描他们的大脑。

游戏中，受测者们从两支股票中选择一支，再选择一种债券，每回合他们会根据自己的股票在上一轮的表现来调整自己的选择。虽然债券有固定收益，其中一支股票在一系列交易中更容易赚钱（称作"优股"），而另一支则更容易赔钱（称作"劣股"）。库南和克努森发现，即使参与者察觉到哪一支是优股，他们选了劣股赔了钱之后往往还是选择没有风险的债券。研究者把这称作一个"风险厌恶"错误。换句话说，即使他们应该懂得每一轮都选优股，但在赔了钱之后，他们往往会不合理地撤退。

功能性核磁共振成像揭示出，这种对风险的厌恶是逐渐产生的。在选择表现稳定的债券之前，参与者的前脑岛会活跃，这表明他们很焦虑（他们或许并未意识到这点）。实际上，这部分大脑区域越活跃，参与者对风险的厌恶感越强烈，而这往往对他们不利。

认识大脑

虽然弗洛伊德（Freud）的一些观点很有争议，但他关于人类动物性的本我（animalistic id）与理性的超我（rational superego）之间相互斗争的假说基本正确。但是，他可能高估了超我控制我们情绪的能力。神经学家们正在揭示，我们大脑中产生情绪和进行理性思考的回路在不断相互作用（也有的人叫作相互斗争），无论是好是坏，前者常常处于支配地位。而且，每一项新的研究都更清楚地表明，我们的无意识冲动会多么迅速、简洁、有力地起作用。将一副生气或者开心的表情百分之几秒内在我们面前闪过，我们的杏仁核就会马上做出反应，而我们本人根本没意识到看到了什么。

麻省总医院的布里特认为，我们对大脑动机学认识得越多，就越有可能把它应用到商业领域。"人们的决策和管理方式很可能由大脑中共同的动机冲动决定"，他指出，"一个管理者的大脑结构是更趋向于冒险，还是厌恶风险，更乐于追求目标还是实现目标，这都将影响他管理和决策的方式。"布里特说，随着我们对基本动机如何影响决策的了解不断增多，我们就能据此设计相应的刺激物。比如，一名管理者如果表现出偏爱追求的过程，那么能够增加他达到目标动机的刺激会更适合他。

明智决策

神经学的研究同时也表明，我们产生情绪的大脑区域不总按指令行事。理查德·彼得森（Richard Peterson）是个将行为经济学理论应用到他的投资咨询业务上的精神病学家，他建议他的客户培养一种自我情绪意识，时刻留意自己的情绪，思考情绪如何影响自己的决策。他还特别提醒他们注意自己的兴奋感（寻求奖赏的强烈表示）和恐惧感（厌恶失去的强烈表示）。当他们感觉到兴奋和恐惧的时候，都要问问自己："我为什么会有这种感觉？这些情绪是怎么产生的？我在什么情况下会产生这些情绪？"彼得森说，人们通过有意识地控制情绪，能更理智地使用他们的直觉。

这个建议听起来也许并不陌生，它正是《眨眼之间》和加里·克莱因（Gary Klein）《直觉的力量》（The Power of Intuition）的中心思想。这两本书都是教读者如何控制他们内心的感觉的。但是对于企业高管来说，他们受过专门的决策训练，会系统地分析问题、考虑不同的备选方案、收集数据、权衡所有的可能后做出决定。自我情绪意识对他们来说可有可无，至少对做决策并不重要。各种神经学实验得出的结论是，我们常常忽视自己的直觉，也常为此付出代价。你无论是在为一项并购谈判、聘用一名员工、竞争一个晋升机会、批准一项贷款、选择是否信任一个同伴或者是进行任何形式的冒险的时候，你一定要时刻谨记，你的动物脑正在评估形势并且寻找应对之策。你最好要注意这个问题了。

大脑中的彩色斑块

抢眼的大脑扫描彩图频频出现在各种大众媒体上，科学家们以彩色斑块显示出了大脑中产生恐惧、厌恶、愉悦、信任这样的情绪的具体位置。但是研究者们对这些彩色的点究

竟代表什么仍十分慎重。目前两种最常用的扫描方法 PET
（positron emission tomography，正电子断层扫描）和 fMRI
（functional magnetic resonance imaging，功能性核磁共振成像）
都只能大体测量出大脑的活动。PET 出现得比较早，但使用
不大广泛，用于测定大脑里的血流情况；fMRI 用于测定血
液中的含氧量。局部的血流和含氧情况能显示该部分大脑的
活跃程度，甚至能拍下粗糙的快照。但是，这些扫描仪通常
只能观察到胡椒子大小的东西，并且每两秒钟才能拍照一次，
而大脑里的神经活动远比扫描仪能观测到的多得多。因此，
我们看到的那些布满彩色斑块的扫描图给人留下了一般印象，
而研究者从中得出的结论往往是具备必要条件的，但也往往
是有争议的。像扫描图一样，关于大脑功能更细节的东西才
刚刚开始进入我们的视线。

三合一的大脑

　　人的大脑分为三层，最里面的一层结构最简单，从进化
角度讲最原始，而最外面的一层则最复杂，进化上也最高级。
最原始的脑结构位于脊髓的上端、大脑的中心位置，这部分
大脑与爬行类和鱼类的脑相同，控制着呼吸、产生饥饿感这
些最基本的生存功能。覆盖在这上面的是原始的边缘系统，
这部分狗和其他哺乳动物也有，它包括丘脑、杏仁核和海马
体，是产生恐惧、攻击性以及满足感等基本情绪的地方。这
部分大脑使我们的狗见到我们在家总是很高兴，但是我们的
鱼却无动于衷。
　　包裹在这两层外面的是大脑皮质、多皱褶的灰质，也就

明智决策

是我们都认为的人脑。狗、黑猩猩和其他哺乳动物都有大脑
皮质，但我们的生长得个头更大。大脑皮质控制着听觉和视
觉这类所有高级大脑活动。额叶，尤其是前额叶皮质（位于
额叶的前部）是将我们同动物区分开来的部分。它们控制人
的性格、推理以及抽象思维。前额叶皮质通常被称作大脑的
执行区，因为它在制定目标和计划的时候处理所有大脑接收
到的信息。

本文最初发表于 2006 年 1 月

再版版权号 R0601C

克服优柔寡断的文化

拉姆·查兰 (Ram Charan)

概要

公司业绩不佳的最主要原因是决策无法执行。作者拉姆·查兰认为,这种无法执行的情况通常是由于缺乏人际互动造成的。查兰在这篇最初发表于2001年的文章中指出,这种人际互动中的问题很少孤立出现。大多数情况下,它们是一个组织做出(或没能做出)各种大大小小的决策时所采取的典型方式。这种无力采取决断性行动的状况源自企业文化。

查兰说,企业领导人造成了这种优柔寡断的文化,但他们也可以通过做三件事来打破这一文化:首先,他们要在人们之间形成一种思想上的开诚布公。其次,他们必须保证企业的社会运行机制——包括会议、评审和其他企业中人员处理业务的其他场合——都有彻底开诚布公的对话。第三,领

明智决策

导者必须确保使用反馈和后续工作来奖赏表现优秀的人，指导遇到困难的人，制止那些其行为阻碍企业进步的人。

通过上述三种措施，并充分利用每一个机会来示范什么是公开和诚实的对话，领导者可以为企业奠定对话的基调，使它克服麻痹，奋起行动。

众所周知，首席执行官的工作就是做出决策。他们中的绝大多数，在职业生涯中无数次地做出决策。可是，如果想要这些决策产生影响，这个企业作为一个整体，必须下定决心实施这些决策。那些不能实施决策的公司，则深受优柔寡断的文化之害。

拉姆·查兰是世界上最知名的 CEO 顾问之一，他在发表于2001年的文章中谈到了那些长期以来对 CEO 的决策不采取行动的组织如何从这种习惯性的优柔寡断状况中走出来的问题。通常情况下，这种瞻前顾后或是直截了当的抗拒是由于负责执行决策的人们之间缺乏对话造成的。查兰将这种对话称为"坚决果断的对话"，他认为这种对话包含以下四个要素：第一，必须要真诚地寻找答案。第二，必须能够接受让人不悦的事实。第三，必须要广开言路，听取各种意见。第四，必须指明行动的方向。

在那些成功摆脱了优柔寡断文化困扰的组织中，可以尽管有什么说什么。可是，表现不达标就不被允许了。

以下情形听上去是不是很耳熟？在公司的季度业务评审会上，一个同事正在努力陈述一份两英寸厚的项目建议书，是关于一个新产品的巨额投资问题。他陈述完毕时，会议室里鸦雀无声。人们左顾右盼，或是眼睛盯着地面，等着别人先发言。没有人愿意发表意见，至少在老板表明倾向性观点之前没有人愿意发言。

最后，CEO 打破了宁静。他询问了几个略带疑问性的问题，表明他用心履行了自己的职责。但是，很明显他已经下决心支持这个项目了。很快，其他与会者很尽责地随声附和，小心翼翼地让自己说些正面意见。从大家的发言上看，似乎在座的每一个人都支持这个项目。

但是表面现象可能具有欺骗性。相关部门的负责人担心这个新产品可能会将资源从他的部门运营中分出去。主管生产的副总裁觉得对第一年的销售预期过于乐观，可能会让他们生产的产品在仓库中积压。参加会议的其他人无动于衷，因为他们看不出自己能从这个项目的实施中得到什么好处。但是他们保留了自己的意见，于是会议就在没有结论的情况下结束了。在接下来的几个月里，这个项目在一系列有关策略、预算和运作方面的评审中被慢慢扼杀至死。不清楚究竟是谁应该对这个项目的流产负责任，但显而易见的是，会议室里的真实情绪与表面上的一致同意恰恰相反。

在我作为顾问服务于大型组织和它们的领导者的职业生涯中，我亲眼见到，在很多情况下，甚至是在最高层，人们都保持沉默，但会议需要结束，于是便做出错误决策。说这些决策"错误"，是因为它们最终由于不言而喻的原因和不作为而没有得到实施。通过我25年来的亲眼所见，我得出的结论是，这些优柔寡断的事例都有一个极为相似的特点——那就是缺少本应产生结果的人际互动。那些负责做出决策并采取行动的人们之间没能形成感情上的联系。迫于等级制中团队的压力，又由于拘于礼节和缺乏信任，他们说话时态度漠然，也没有坚定的信念。由于缺乏情感上的投入，这些必须要执行计划的人们，行动时就没有坚定的决心。

这些人际互动上的问题极少孤立出现。通常情况下，这是一个公司中决定——或无法决定——大事小情的典型方式。这种无力采取决断性行动的状况源于企业文化，并且在员工们看来似乎是无法改变的。

这里的关键词是"似乎"，因为实际上是企业领导者造成了这种优柔寡断的文化，领导者就可以打破它。他们可以使用的首要工具是人

123

明智决策

际互动——对话。通过对话，假设得到质疑或肯定，信息得到分享或不分享，人们的分歧被拿到了桌面上或暂时搁置一旁。在组织中，对话是工作的基本组成部分。对话的质量决定了人们如何收集和处理信息，如何做出决定，他们彼此如何看待，以及这些决定的最终效果。对话可以导致新的想法和速度，成为企业的竞争优势。它是强调生产效率和知识型工人培养的唯一最重要因素。相对于我所见过的那些奖赏机制、结构调整或愿景阐述，其实对话的语气和内容都能更快更持久地影响人们的行为和想法，这正是企业文化的内容。

打破优柔寡断的文化，需要领导在思想上的开诚布公，在人们之间建立信任。并利用每一次与员工接触的机会来示范如何进行公开、坦诚和解决问题的对话，这样领导者就为整个组织奠定了对话的基调。

但奠定对话的基调只是第一步。要想转变优柔寡断的文化，领导者还必须看到，组织的社会运行机制中——包括执行委员会会议、预算和策略评审，以及其他一些公司成员开展业务活动的场合——都有开诚布公的对话。这些机制决定了全局。如果将这些机制密切联系在一起并坚持如一地贯彻执行，就会为决策的形成和实施设立出清晰的权责范围。

后续工作和反馈是建立坚决果断文化的最后一步。成功的领导者利用后续工作和开诚布公的反馈来奖赏表现优异者，指导遇到困难的员工，纠正那些阻碍企业进步的员工们的行为。

总之，领导者可以通过注意自己的对话方式，精心设计的人际互动机制，恰当的后续工作和反馈措施，来培养一种行事果断的文化。

一切从对话开始

对成功企业的研究通常集中在产品、经营模式或运营优势上；例如微软征服了全世界的视窗操作系统，戴尔的规模定制，沃尔玛非同凡响的物流管理体制。然而由于产品和运营上的优势都可以借鉴或效仿，它们并不能从真正意义上让成功的企业脱颖而出。不能被轻易效仿的是坚决果断的对话和强有力的运营机制，以及与之相关联的反馈和后续工作机制。这些因素构成了一个组织最持久的竞争优势，它们从很大程度上取决于领导者所展示出来的对话特点和由此对整个企业产生的影响。

坚决果断的对话容易识别却不容易定义。它主张人们各抒己见，鼓励创造力，找出一些看似相互分离、毫无关系的想法之间的一致性。它允许紧张关系浮现出来，然后通过充分把各种观点公之于众来解决它们。由于这种对话是思想探讨过程，而不是各执一词；是寻找真理的过程，而不是争个谁对谁错，因此人们从情感上就专注于对话的结果。因为人们都对结论的形成起到了作用，结论看上去就是"符合实际"的了。人们跃跃欲试，准备采取行动。

就在前不久，我观察到了一位领导者的对话方式在形成企业文化中的力量。背景是在一家美国大型跨国公司的总部。该企业最大业务部门的负责人正在向 CEO 和他的高级副手们汇报一个战略方案。这个负责人听上去十分自信，甚至有点自负，他说出了他的战略目标——要将他领导下的部门销售额从欧洲第三位上升到第一位。这是一个雄心勃勃的计划，计划的实现取决于公司在德国的市场份额迅速和大幅度的增长，而该公司在德国的竞争对手是一家德国当地企业，并且规模是这位负责人领导的业务部门的四倍。CEO 称赞了这位部门经理，说他的报告令人鼓舞、富有远见，接着 CEO 引出了一个对话来检验这个计划是否现实。"你如何实现业绩的增长？"他大声询问。"你有没有考虑过其他的可行办法？你们打算争取什么样的客户？"这位经理并没有想得这么深入。"你们如何用一种全新的、独特的方式确定客户的需求？你们有多少销售人员？" CEO 问道。

明智决策

"10个。"经理回答。

"你们的主要竞争对手有多少销售人员？"

"200个。"回答有些怯生生的。

老板继续加压："谁负责我们在德国的业务？他不是三个月前刚从另外一个部门调过来的吗？"

如果对话到此结束，CEO可能仅仅是让这位部门负责人感到屈辱和受到打击，并给在场的其他人发出了这样一条信息：目标过高的风险实在太大，不可接受。但是这位CEO的兴趣并非枪毙这个计划、打击该部门团队的士气。他是以提出问题的方式进行指导，想给对话注入一些现实考虑。他的话虽然一针见血，却没有生气或是不友善的意思，他要让这个部门经理明白：为了在强大的德国竞争对手的主场上打败他们，需要的不只是胆量。CEO建议道，为什么不找出竞争对手的弱点，以执行速度取胜？你们对手的产品线中有什么缺口？你们能不能有所创新，填上这一缺口？什么样的客户是这一产品的潜在购买者？为什么不把目标对准他们？与其将目标定为提高整体市场份额，不如重新细分市场。转瞬间，一个看上去毫无希望的结果又得到新的启示。会议在结束时做出了这样的决定：这位经理回去后重新思考一下市场战略，90天后带着更切实可行的方案回来。这位主要的战略提出者，虽然他的战略被断然否决，但他在离开会议室时却觉得干劲儿十足、乐于接受挑战，并且更加专注于手里的任务。

想一想会议上发生了什么吧。这位CEO没有想要显示他的权威或是贬低这位部门经理，虽然起初这一点看上去并不那么一目了然。他只是想确定竞争中的现实状况没有被忽略，并且从商业智慧、组织能力以及正确提出问题的艺术上指导所有与会者。他对提出的业务战略加以置疑，不是出于个人目的，而是出于业务方面的考虑。

这次对话对人们态度和行为的影响是微小的，却又不那么微小：人们离开时懂得了，他们应该打破传统地看待机会，还要做好准备，回答不可避免的困难问题。他们也了解到，公司的 CEO 是跟他们站在一起的。他们更加确信，业务增长是可能的，行动是必要的。除此之外，还发生了一些其他变化：参加了那次会议的人在以后的会议中开始仿效 CEO 说话的口吻。比如说，当德国分部的主管同手下资深员工开会，向他们通报在德国市场的新举措时，主管向他的销售总监和产品开发经理提出的问题也是有针对性的、严谨的，并且目的直接针对新策略的实施。他学会了他老板的待人方式，以及引出、过滤和分析信息的方法。于是整个部门变得更有决心和干劲儿了。

　　然而公司 CEO 并没有让这件事到此为止。他随后给这位部门经理手写了封一页纸的信，陈述了对话的要点和需要采取的行动。90 天后，他们再次开会重新讨论这一战略（欲了解更多有关培养坚决果断对话能力的内容，请见本文后附录中的《对话杀手》）。

对话如何成为行动

　　对话发生的场景与对话本身同样重要。在坚决果断的企业文化中，社会运行机制具有以下四种行为特征：开放、坦诚、非正式和形成结论。开放是指会议结果不是事先决定的，而是开诚布公地寻找各种方法和新的发现。通过"我们还有什么漏掉的地方"这样的问题，吸引人们参与，并表明领导者愿意听取各方意见。领导者营造出一种安全的氛围，这种氛围允许激烈的讨论、集体学习和相互信任。

　　坦诚的意义略有不同。它是指愿意说出那些不好说的话，指出无法履行的承诺，暴露出与表面上完全一致所不同的矛盾冲突。坦诚是指人们可以表达他们的真实看法，而不是说他们认为团队成员应该说

127

明智决策

的话。在人们虽表示赞同却不打算执行的情况下，坦诚有助于消除以保持沉默和搁置的方式所做的否决。坦诚防止了不必要的返工，避免了再去回头修改那些削弱生产效率的决策。

正式抑制坦诚；非正式鼓励坦诚。如果讲话和评论很拘谨并提前做了准备，就表明整个会议都是事先安排和设计好的。而非正式则能起到相反的效果。它减轻了人们的防备心理。大家在开诚布公地提问和回应时会觉得舒服，主动性得到了激发。

如果说非正式让气氛轻松，那么做出结论则加强了纪律约束。会议结束时达成的结论，表示人们都清楚自己应该做些什么。已经形成的结论通过在公开场合明确责任和任务完成时间而产生坚决果断。它是对领导者内在力量和智慧的考验。没有形成结论，加上缺乏相应的制裁，是优柔寡断文化产生的根本原因。

一个强有力的人际互动机制中包含了以上四个特征。这种机制中有合适的参与者，并且出现的频率适当。

当迪克·布朗 (Dick Brown)1999年年初刚到美国电子数据系统公司（Electronic Data Systems）时，他决心创建一种新的企业文化，这种文化要超出那些对理想化的合作、公开化、果断化只做口头文章的做法。他面临的任务非常艰巨。电子数据系统公司员工的聪明和有进取心是人所共知的，但员工们却有着互争高下的名声，至少与他们齐心合力的时候一样多。这家公司的文化中个人英雄主义色彩浓重。每个独立的经营部门鲜有或没有与其他部门分享信息或通过相互合作来争取业务的动因。对于"单打独斗"的行为和没有达到业绩目标的状况也几乎没有任何惩处。优柔寡断的现象十分普遍。正如一名公司老员工所说的，"会议，会议，还是会议。人们不能做出决定，不愿做出决定。没有人强迫他们做决定。也没有问责机制"。电子数据系统公司的业务在逐渐流失。公司销售收入平平，利润下滑，公司股票价格在迅速下跌。

布朗管理哲学的一个中心原则是"领导者接受他们所能接受的行

为"。他到电子数据系统公司工作后不久,就在一年内设立了六种人际互动机制,表明他决不容忍以前公司文化中泛滥的个人主义和封闭信息。其中一项机制是公司内尽人皆知的"业绩电话会议"。例会每月召开一次,电子数据系统公司的全球100多位高级管理人员参加例会,会上详细评审公司上个月的数据和主要活动。规则是透明和信息的同步性,封闭信息不再可能。每个人都知道谁当年达到了目标,谁提前完成了计划,谁落到后面了。那些落后的人必须解释表现欠佳的原因,还要说明他们打算如何迎头赶上。作为经理,仅仅说他们在评定、审阅和分析问题是不够的。布朗说,这不是一个正在行动的人所说的话。这是一个准备行动的人说的话。如果在布朗面前这样说话,只会招来两个问题:你完成分析之后,打算做些什么?你要花多长时间才能付诸行动?布朗手下的人要想对这些问题做出令人满意的答复,唯一的办法就是做出一个决定,并执行这个决定。

业绩电话会议还是一个公开和解决大型组织中不可避免的矛盾的机制,尤其是在为了加快业务增长、实施交叉销售的时候。比如说,两个部门可能在追求同一客户,或者是一个部门的客户可能被另一个部门的客户收购了。在这种情况下,哪个部门应当在争取客户中起主导作用?哪个部门应当为合并后的公司提供服务?解决这些问题至关重要。让这些问题滋生,不仅消耗了公司的情感精力,还削弱了公司采取坚决果断行动的能力。而行动缓慢是缺乏竞争力的表现。

布朗鼓励员工把这些矛盾拿到桌面上来,不只是因为他认为这是组织健康运行的标志,还因为这么做提供了一个机会,以展示布朗所倡导的对话风格。他提醒员工,矛盾不是针对个人的,以努力营造出一种表达不同意见的安全氛围。

任何全球性公司中的矛盾都是内在的。而布朗认为,每个人都有必要从整个组织的角度思考问题,而不是只考虑组织的某个小角落。不是要寻找对本部门有利的解决方案,而是要寻找对整个电子数据系

明智决策

统公司和它的股东最有利的方案。这听上去很简单，甚至平淡无奇。但是，在一个曾经以个人英雄和利己主义著称的公司里，解决矛盾方面清晰可见的练习在提醒着人们，要使他们的利益与公司的整体利益相一致。仅仅将这一信息公布一次就以为它会深入人心是不可能的。行为是在重复中产生变化的。在人际互动机制，如每月的业绩电话会上反复强调这一信息，并根据人们是否遵守这一机制来对他们进行奖惩，是布朗改变人们行为方式的最有效工具之一，这种行为方式的变化导致了真正的企业文化的改变。

当然，没有哪个领导者能够或应当参加每一次会议，解决每一个矛盾，或者做出每一个决策。但通过设计出能够促进自由且有效对话的人际互动机制，领导者可以对他人如何执行任务产生强有力的影响。事实上，坚决果断文化的工作正是通过这些机制完成的。

使用人际互动机制来形成坚决果断文化的另一家公司是一家大型跨国制药公司法玛西亚（Pharmacia）。这家公司的做法证明了我对客户反复强调的一个观点：组织结构使各部门分化，人际互动机制使各部门聚合。我要立即补充的是，组织架构是必要的。如果一个组织不划分任务、职能和责任，它就什么也做不成。但是，要将组织架构中包含的各种活动引向共同目标，还必须有人际互动机制。精心设计的人际互动机制起到了这种聚合作用。但不管设计得多好，人际互动机制还需要通过坚决果断的对话才能正常工作。

在 1995 年与普强公司（Upjohn）合并了两年之后，法玛西亚公司的 CEO 弗雷德·哈桑（Fred Hassan）开始在合并后的公司里建立一种全新的文化。他理想中的公司应当是同心合力、以客户为中心且行动迅速的公司。它可以集中公司全球范围内的优秀人才，研发出占市场领先地位的新药——并且在竞争出现之前就让药品问世。培养合作精神最基本的机制是：来自不同部门和职能的领导者能够经常进行有建设性的对话。

公司需要迅速开发新一代抗生素来对付具有抗药性的感染，这一紧迫任务给公司管理层提供了机会来检验它成功塑造企业文化的能力。研发部门主管戈兰斯·安多 (Göran Ando) 博士和全球业务管理部门主管卡丽·考克斯 (Carrie Cox)，共同创建了一个人际互动机制，包含了公司中部分最优秀的科学家、临床医生和市场营销人员。仅仅定期将这三种职能部门的人员弄到一起已经是一个大胆的做法了。通常，药品研发的进程中有一系列的交接切换。一个科学家小组完成最基本的药品开发工作，然后将成果交给第二组，第二组的人对药品进行一年或更长时间的临床试验。当该药品得到了食品和药品管理部门的盖章许可后，它就转到了市场营销人员那里，他们设计出一个市场推广计划。只有到了这时，这种药品才转给销售部门，由销售部门将它推荐给医生和医院。这两位领导者想要开发出能更好地满足患者需要、有更高收入潜力的新药，并取得速度上的竞争优势，他们采取了一种新的方式取代原有的一连串的产品研发方式，在新的方式下，科学家、临床医生和市场营销人员们共同对整个产品开发和市场营销流程负责。并且他们想为以后的团队合作创造一种样板。

公司的奖赏机制通过将工资待遇和团队行为直接挂钩，强化了这种合作模式。每个成员的工资都要根据药品进入市场的时间、药品达到最高可赢利份额以及总销售量决定。这一机制有力地激励了团队成员相互之间开诚布公地谈话和自由地分享信息。但是创造力的火花却没有了。在新药研发小组成员们最初几次开会的时候，几乎毫无例外地将注意力集中在他们之间为数不少的差别上。我们可以很有把握地说，科学家、临床医生和销售人员往往用不同的方式说话、思考和与人交往。每一类人员往往都维护符合自己利益而不是股东和顾客利益的事情。在这样的时候，安多和考克斯会插入对话，提醒小组成员们注意，团队成员间和睦很重要，但更加重要的是产生出满足患者需要的新药，在竞争中取胜。

明智决策

　　两位领导者采取一致行动，将谈话引向关注共同任务的富有成效的对话。他们与大家分享他们所知道的药品开发和营销的知识，并示范了科学家和市场营销人员如何在思考问题时向对方靠近一些。他们还处理了在公开解决矛盾时面临的情感挑战，来展示如何——有时甚至是以强烈的方式——表达不同意见，而不致产生敌意或是忽略双方的共同目标。

　　让我们思考一下，对话如何帮助团队做出决策，使一种有前途的药品获得成功。为了简化研究和实验过程，这个小组中的科学家起初打算寻找一种抗生素，能够有效地治疗有限种类的感染，在传统的抗生素疗法无效时，仅用于急症下的"抢救药物"。但是，经过与市场销售人员深入的对话，他们得到了这样的信息：医生们比较乐于接纳一种可以针对多重感染的药物。医生们想要一种在疾病早期及早开始治疗，并能够完全治愈急性感染的药物，不论是通过大剂量的静脉注射，还是通过小剂量地服用药片。科学家们做出了重点转移，于是有了利奈唑烷（Zyvox）的问世，这种药物是近年来药品研制的一个成功范例。这种药物已经成为法玛西亚公司为积极创建以跨部门合作和快速执行为特点的企业文化而努力的一个宣传海报。通过对话，这个团队创造出一种新产品，这种产品是仅凭科学家、临床医生或是市场销售人员自身都无法预见或实现的。形成这种公开对话的机制现在在法玛西亚公司已经成为习惯。

后续工作和反馈

　　后续工作是有坚决果断文化的基因（DNA），可以通过面对面、电话、或者人际互动机制中的例行做法来实现。缺乏后续工作会破坏纪律的执行，并鼓励优柔寡断的现象。

当多个团队总是被迫直接表达意见时,优柔寡断的文化就发生了变化。没有什么机制比业绩和待遇评审机制能更加有效地鼓励直接表达意见了,尤其是当把它们明确地跟人际互动机制联系在一起的时候。但是常常有太多的时候,业绩评审的过程就像我在这篇文章开头所描述的业务会议一样走过场和空洞无物。员工和经理都想尽快结束会议。在适当的空格处打勾,坚持干好工作,这是你的加薪,明年还要这样做呀。对不起,我们得干起来了。没有真正的对话,没有反馈,而最糟糕的是,没有机会让员工们了解可以帮助她成长和发展的有时候是令人痛苦的事实。再好的奖赏机制,如果缺乏坦率的对话和领导者情感的坚毅,也不会奏效。

在电子数据系统公司里,迪克·布朗设计出一套评估和评审流程,这一流程实际上迫使经理们与下属进行坦诚的对话。公司里每个人的表现都被分成五个等级,根据他们与同伴们相比较的表现对员工进行奖惩。这是迪克·布朗的领导方法中最具争议的一个特点——一些员工把迪克的这种方法看作是优胜劣汰的达尔文方法,让员工们彼此相斗。

迪克·布朗坚持说,这不是评级方法的目的所在。他把评级过程看作是奖赏公司中业绩优异者的最有效途径,同时告诉表现落后者他们在哪些方面需要改进。但是这种方法需要适当的对话,才能如愿以偿地进行,并且达到增加人才储备的目的。领导者必须给他们的直接下属真实的反馈,尤其是对那些发现自己排在评级末尾的那些人。

布朗回忆起他在第一次评级结果公布后不久的一次遭遇。一位员工自认为是公司业绩最好的员工之一,当他看到自己的名字接近名单末尾时感到很震惊。"这怎么可能呢?"这位员工问道。"今年我的表现和去年一样,去年我的老板给我的评语是优秀。"布朗回答说,他认为可能有两个原因。一是这位员工的表现并不像他自己认为的那么好。二是就算这位员工的表现和去年一样好,而他的同伴们做得更好了。"如果你保持不变",布朗总结道,"你就会落后"。

明智决策

这一对话揭示了这样一种可能性，甚至是很大的可能性，就是这位员工的直接上司上一年给他的年度评审不太诚实，原因是不愿去做这个让人不怎么愉快的工作——告诉这位员工他的表现不佳。布朗理解经理们为什么可能会回避这种令人不愉快的对话。给人负面反馈是对一个领导人能力的检验。批评性的反馈是布朗所说的"领导能力重要提升"的一部分。他说："回避批评，就会使组织遭受平庸之害。"除此之外，领导不给下属提供真实的反馈，就是在欺骗员工，剥夺了他们了解自己所需改进的信息的权利。

反馈应当是多方面的——坦率；有建设性；不留情面地关注行为表现、责任心和执行状况。有一件事是不该感到惊讶的。"领导者一年中要不断地构思评语"，布朗说，"而且要随时对员工做出评价。一年中你有20次、30次、60次机会来和员工分享你的观察结果。不要让这些机会白白流走。如果到了年底的时候，有人对你不得不说的话确实感到惊讶，这就是领导者的失败"。

最后，改变优柔寡断的文化是一种领导艺术。它关系到难以回答的问题的提出：我们的人际互动机制是否强劲和有效？它们之间的联系是否紧密？它们是否有合适的人选和恰当的运行频率？它们的运行是否有节奏，并且一以贯之？是否建立了后续工作制度？奖惩机制是否与坚定果断对话的结果挂钩了？最为重要的是，这些机制中的对话究竟产生了多大的效用？我们的对话是否体现了公开、坦诚、非正式和有结论这些特征？

转变优柔寡断的文化是一项艰巨而困难的任务。它需要一个公司领导者所能调集的所有倾听技巧、商业智慧和运营经验。而且同等重要的是，这一工作还要求情感上的坚毅、持久和内在力量。提出正确的问题；确认矛盾和解决冲突；提供坦诚、有建设性的反馈；对人们奖罚分明，这些从来就不是容易的事，在很多情况下，完全是令人厌恶的事。难怪很多高管们逃避这种工作。从短期来讲，他们使自己在很大程度上免受了情感上的折磨。但是他们的逃避奠定了一个组织的基调，使组织中不能分享信息、做出决策或面对冲突，更不用说解决冲突了。那些采取逃避态度的领导，丧失了高效领导艺术的关键。那些有力量坚持坦诚对话和后续工作的领导者，得到的奖赏将不仅仅是一个坚决果断的组织，还有一支有活力、有干劲儿、全身心投入的工作团队。

对话杀手

你们开会时的对话总是让人精力尽失？如果会议不能激励人们，并使他们集中精力工作，请注意以下几方面问题：

悬而未决的对话

症状：存在普遍的困惑。会议结束时没有明确提出下一步做法。人们对会议有各种对自己有利的理解，当目标没有实现时，没有人对此负责。

治疗：在会议结束时，确保每个人都知道自己要做什么、何时完成。必要的时候，有书面记录，并且要具体。

信息阻塞

症状：没有将所有相关信息都公开。在重要决定做出之后，才发现一个重要的事实或观点，于是再度做决定。这种情况反复发生。

治疗：首先要确保所有适当的人员都参加会议。当发现遗漏的信息以后，立即广为传播。通过提问"有什么漏掉的地方吗？"来明确地表达对公开和坦率的期待。通过指导和惩罚来纠正封闭信息的行为。

明智决策

目光短浅

症状：人们目光狭隘，只关心自己的利益，无法认同其他人也有正当的利益。

治疗：不断引导人们发言，直到你确信问题的各个方面都得到了体现。反复重申大家的共同目的，让每一个人都能着眼全局。提出其他备选方案。利用指导来告诉人们，他们的工作对于企业整体目标的贡献。

想说什么说什么

症状：领导无法引导讨论的进程，就滋长了负面行为。"敲诈者"为了"赎金"控制住了整个团队，直到其他人接受他们的观点；"跑题者"总是转换话题，详细列举往事说"我10年前做这件事时……"或是盯着不必要的细节不放；"沉默者"不表达他们真实的看法，或者同意去做根本不打算做的事；"分裂者"通过在人际互动机制之外寻求他人对自己观点的支持，或是在会议进行的同时另行讨论，而在团队内部形成分裂。

治疗：领导者必须显示他的内在力量，反复指出哪些行为是可以接受的，同时惩罚那些坚持负面行为的人。如果较轻的惩罚不起作用，领导者必须情愿将犯规的成员从团队中清除出去。

通用电气公司的秘密武器

通用电气公司以它一流的管理实践而著称，它已经形成了一个系列化的十个紧密联系的人际互动机制。这些机制对通用电气的成功至关重要，它为整个公司和每个业务部门都设立了目标和工作重点，并根据这些目标追踪每个部门的进展。公司的 CEO 杰克·韦尔奇也利用这种方法来评估各部门的高级经理，并根据他们的绩效对他们进行奖惩。

这些机制中有三个受到最广泛的效仿：一是公司执行委员会（CEC），这个委员会一年召开四次会议；二是年度领导和组织机构评审，被称为 C 会议；最后是年度策略评审，被称为 S-1 和 S-2。很多大型组织都有相似的机制。然而，通用电气公司的机制以深入细致和坚持不懈，机制之间的密切联系，后续工作，无拘束的坦率、结论和坚决果断而著称。

在公司执行委员会会议上，公司的高级领导者聚在一起两天半时间，密切合作，互换信息。在这些领导者分享最佳实践，评估外部业务环境，确认公司最有希望的机会和最紧迫的问题的时候，韦尔奇利用这一机会指导经理，并观察他们的工作作风、思考方式和合作态度。在过去的 14 年中，从这些会议上产生的新提案包括通用电气的六西格玛管理理论中的质量提升举措和整个公司范围内的电子商务环境。参加会议的人不是一些胆小鬼，有时，争论可能是唇枪舌剑。但是，当执行委员会会议结束时，每个参加会议的人都知道公司的工作重点是什么，以及他们应当做些什么。

在 C 会议上，韦尔奇和通用电气公司负责人力资源的高级副总裁比尔·康纳提（Bill Conaty）会见了每个业务部门的负责人以及他们的人力资源经理，来讨论领导方法和组织行为问题。在这些 12 至 14 个小时高强度的会议中，与会者要对部门中有发展潜力的人才储备和组织方面的工作重点进行评审。有谁应该得到提升、奖赏和开发？如何进行？谁没有达标？坦率是必须的，执行也是必须的。对话中你来我往，都与该业务部门的策略相联系。韦尔奇用一张手写的便条跟踪每一次会议，对对话和行动事项的核心内容进行评审。通过这种机制，对通用电气公司的核心人才进行选拔和评估。难怪人们将通用电气公司称之为"CEO大学"了。

部门经理执行行动计划的进展是S-1会议议程之一，S-1会议是在C会议开过之后两个月以后召开。韦尔奇、他的首席财务官以及CEO办公室的成员与每个部门负责人和他们的团队分别开会，讨论公司未来三年的发展战略。这种发展战略必须要与公司执行委员会会议的主题和提案一致，并接受韦尔奇和其他高管们的监督和实施情况检查。这些会议中的对话是非正式的、公开的、坚决果断的，汇集了韦尔奇对公司业务和人力资源方面的宝贵指导。在C会议中，关于发展战略的对话是与人员和组织架构问题相联系的。这里，韦尔奇再次用手写的便条进行跟踪，作为对话的成果，他提出了对这个部门负责人的期望。

S-2会议，通常在11月份召开，紧随着相似议程的S-1会议之后，区别是S-2会议主要关注于短期内的做法，通常是12至15个月的期间。在这里，运营上的工作重点和资源分配是联系在一起的。

总而言之，这些会议将反馈、决策、对组织能力和核心人物的考评联系在一起。这一机制明确将每个部门的目标和绩效与公司整体战略联系起来，并为下一代企业领导者的发展打下基础。这一过程在对管理者问责上的要求是毫不放松的。与此同时，韦尔奇还利用这一机会进行后续工作的跟踪和反馈，那是坦诚务实的，注重坚决果断和执行。这一运行系统可以算是通用电气公司最为持久的竞争优势。

本文最初发表于2001年
再版版权号 R0601J

决策中的隐藏陷阱

约翰·哈蒙德（John Hammond）

拉尔夫·基尼 (Ralph Keeney)

霍华德·雷法 (Howard Raiffa)

概要

　　错误的决策通常可以追溯到它的形成方式——没有明确制定其他备选方案，没有收集正确信息，没有准确权衡成本与收益。但有些时候，错误不是存在于决策过程，而是存在于决策制定者的头脑中。人脑的工作方式会阻碍我们做出正确的选择。

　　在这篇初版于1998年的文章中，约翰·哈蒙德、拉尔夫·基尼和霍华德·雷法考察了八种可以对我们做商业决策的方式产生影响的心理陷阱。先入为主陷阱让我们对最先获得的信息给予过多的重视。安于现状陷阱让我们偏向于保持

明智决策

现状——即使存在更好的选择。沉没成本陷阱让我们无限延续过去的错误。肯定证据陷阱使我们去寻找支持我们已有的预测而忽视相反的信息。设定陷阱出现在我们错误地设定了问题时，它会影响整个决策过程。过于自信陷阱让我们过高估计自己预测的准确性。过于谨慎陷阱让我们在预测未知事件时过于小心谨慎。回顾过去经验陷阱促使我们不能对最近发生的重要事件给予恰当考虑。

回避所有这些陷阱的最好办法就是事先了解——有备无患。但是管理者也可以采取其他简单易行的步骤，保护自己和所在的组织不陷入这些错误的思维方法当中。文章作者描述了管理者们可以采取哪些做法来确保重要商业决策的正确和可靠。

在决定行动路线之前，谨慎的管理者会评估他们面临的局面。糟糕的是，有些人小心得过了头，采取昂贵的措施来防范不太可能的结果。另外一些人则过于自信，对可能出现结果的范围估计不足。还有一些人凭印象办事，让对过去事件的记忆来左右他们对当前可能发生事情的看法。

以上只是三个已被充分证实、在某一时刻折磨着大多数管理者的心理陷阱——约翰·哈蒙德、拉尔夫·基尼和霍华德·雷法在发表于1998年的文章中提出了上述观点。还有更多的陷阱影响了我们的逻辑思维能力，或者导致了我们的偏见。证明后者的例子包括维持现状、寻找肯定证据以及由于难以认错而为错误的投资追加更多的投入。

有一些技巧可以克服上述这些问题。比如，既然提出问题的方式可以影响你对这个问题的看法，那么试着用多种方式设定问题，并问自己在各种设定问题的情况下，你的思路发生了怎样的变化。即使我们不能彻底清除大脑工作过程中根深蒂固的失真现象，但我们可以在决策制定过程中安排这样一些测试，来提高我们选择的质量。

　　做决定是每一个管理者最重要的工作。也是最困难和最冒险的工作。错误的决定可能损害一个企业或是一个人的职业生涯，有些情况下的损失是不可挽回的。那么错误的决定是如何产生的呢？在很多情况下，它们可以被追溯到决策形成的方式上——没有明确制定其他备选方案，没有收集到正确信息，没有准确权衡成本和收益。但有时，问题不是存在于决策过程，而是存在于决策制定者的头脑中。人的大脑的工作方式会扰乱我们的决定。

　　半个世纪以来，研究人员一直在研究我们的大脑在做决定时的工作方式。这种研究既包括实验室部分也包括实践部分，揭示出我们在大部分需要做出决定的场合，处理一些内在的复杂问题时无意中遵循的常用方法。这些方法被称为探索法（heuristics），在大多数情况下，它们能很好地为我们服务。比如说，在判断距离上，我们的大脑经常依靠一种探索的方法，它认为清晰就意味着接近。一个物体看上去越清晰，我们判断它距离我们越近。反之，一个物体看上去越模糊，我们就猜想它距离我们越远。这一简单的思维捷径帮助我们接连不断地做出探索世界所需的距离判断。

　　然而，像大多数探索法一样，这种判断方法不能永不出错。当天色比平日昏暗的时候，我们的眼睛会引导我们的大脑相信事物比它们的实际距离要远。由于此类偏差给我们大多数人造成的危害不大，我们可以坦然地忽略它。然而，对于飞行员来说，这类偏差的后果就可能是灾难性的。这就是为什么要训练飞行员除了自己的视力之外，还要借助客观方法测距的原因。

　　研究人员还确定了一整套我们在做决定时思维方式中的缺陷。其中的一些就如同对于清晰度的探索法一样，是感观上的错觉。另外一些则属于偏见。还有的似乎仅仅是我们思维中不合理的异常状态。这些陷阱之所以危险是因为它们是看不见的。由于它们与我们的思维过

明智决策

程紧密结合，我们无法识别它们，使我们已经落入其中。

对于那些要靠他们日常的许多决定和批复成功的高级管理人员，心理陷阱特别危险。它们会毁掉从新产品开发到购并和股权强制过户策略，再到连续规划的每件事情。尽管没人能摆脱这些思想上根深蒂固的毛病，但谁也都能在领航员的指引下，学会理解和弥补这些陷阱。

在本文中，我们将考察一些已被充分证明的可能会破坏商业决策的心理陷阱。除了总结这些陷阱的原因和表现，我们还为管理者们提供了防范这些陷阱的一些特定方法。但是，重要的是要记住一点：最好的防范是事先了解。那些努力熟悉这些陷阱及其各种表现形式的管理者，将更能保证他们所做的决定是正确的，也更能保证他们的下属或同事提出的建议是可靠的。

先入为主陷阱

你如何回答以下两个问题？

土耳其的人口多于3,500万吗？

你认为土耳其的人口最接近多少？

如果你像大多数人一样，第一个问题中提到的3,500万这个数字（我们随意选择的）就会影响你对第二个问题的回答。

这些年来，我们向许多组人提出了这两个问题。在一半的情况下，我们在第一个问题中使用的是3,500万这个数字；在另外一半情况下，我们使用了1亿这个数字。无一例外地，当第一个问题中使用了较大的数字时，人们对于第二个问题的回答增长了数百万。这个简单的实验说明了被称为"先入为主"（anchoring）的思维现象，这一现象是常见的也是有害的。在考虑一个决定时，大脑总是对它最先收到的信息给予过多的考虑。最初印象、估计或数据都限定了随后的想法和判断。

"先入之见"有很多伪装形式。它们可能简单且看上去无害，如一个同事的评论或晨报中出现的统计数据。它们也可能像陈规老套般隐蔽，比如一个人的肤色、口音或着装。在商业中，最常见的一种"先入之见"是过去的事件或趋势。一个要预测下年某产品销量的市场营销人员通常从回顾去年的销售额开始，过去的数字就成为了"先入之见"，预测者据此参考其他因素做出调整。这种方法尽管可能带来合理的正确估计，但也会导致对过去事件的过度重视，而对其他因素重视不足。在市场环境快速变化的情况下，历史的"先入之见"可能导致预测错误，从而使人做出错误的选择。

由于"先入之见"可以为即将做出的决策限定条件，它经常被聪明的谈判者作为讲价的策略。来看一下某家大型咨询公司想在旧金山找一个新办公场所的经历吧。公司的合伙人在和一家房地产中介公司共同研究之后，确定了一个大楼完全符合他们的要求，于是他们与大楼所有者安排了一次会谈。大楼所有者一开始就摆明了签合同的条件：租期为10年；每月每平方英尺的起租价为2.50美元；以后每年的价格根据通行的通货膨胀率上调；所有内部改造的费用都由租户承担；在相同条件下，租户有权再续约10年。尽管大楼所有者给出的价格在当前市场中属于较高价位，咨询公司的还价相对来说很客气。他们提出了一个当前市场的中间起租价位，并要求大楼所有者分担一部分装修费用，但是他们答应了所有其他条件。这些咨询顾问在还价时，本可以更加激进和有创造力——将起租价格降到市场较低水平，要求两年调价一次而不是每年都调价，给价格上涨设定上限，为续约设立其他条件等等——但大楼所有者首先提出的意见支配了他们的思维。这些咨询顾问落入了"先入为主"的陷阱，最终为这个办公场所付出了比他们应付价格高很多的钱。

143

明智决策

你可以对此做些什么呢？"先入之见"在决策制定过程中的作用已经得到了数千个实验的证明。"先入之见"不仅影响着管理者的决策，还影响着会计师、工程师、银行家、律师、咨询顾问和股票分析师的决策。没有人可以免受它的影响；它的影响太广泛了。但是那些了解了"先入之见"危险性的管理者可以使用以下技巧减小它的影响：

- 总是从不同的角度看待问题。试着使用不同的出发点和方法，不要紧盯着你一开始想到的想法不放。
- 在向其他人咨询之前，自己先考虑一下问题，以避免先受他们想法的限制。
- 乐于听取他人意见。广泛地收集信息、征求意见，拓宽认识问题的参考框架，指引你向新的方向思考。
- 在你需要从你的顾问、咨询师和其他人那里获取信息和意见时，要注意避免先限定他们的思维。尽可能少地告诉他们你自己的想法、估计和临时决定。如果你说得太多了，你自己的想法可能就会回到你这里来。
- 在谈判中尤其要提防"先入之见"。在任何谈判开始之前想好自己的立场，以防止受到对方首先提出的议案左右。同时，寻找机会使用对你自己有利的"先入之见"——比如说，如果你是卖方，提出一个高的但可以回旋的价格作为开局。

安于现状陷阱

144　　我们都倾向于认为我们做的决定是理性的、客观的。但事实是，我们都带有偏见，这些偏见影响了我们做的选择。比如说，做决定者往往显示出对能够维持现状方案的强烈偏好。总的来说，每当一种新产品问世时，我们都可以看见这种趋势。第一代汽车的名字就体现了这一点，叫作"没有马拉的马车"，样子与它们要取而代之的轻便马车十分相像。互联网上出现的第一份"电子报纸"也和它们的纸媒先驱一模一样。

在我们更加熟悉的层面，你在做个人财务决策时可能也屈从于这种偏见。比如，人们有时会继承一些他们自己根本不会买的股票。尽管一个既直接又恰当的建议是把这些股票卖掉，把钱用作其他投资，但数目多得令人惊奇的人们不会把股票卖掉。他们觉得现状让自己很舒服，避免采取可能让现状受到干扰的行动。"我可能晚些时候会考虑的"，他们这样说，可是"晚些时候"通常表示永远不考虑。

"安于现状"陷阱的根源在我们的心灵深处，是我们保护自己免受伤害的需要。打破现状意味着要采取行动，而当采取行动时，我们就要承担责任，让自己有机会受人责备并感到懊悔。所以我们很自然地找理由什么也不做，这一点儿也不令人惊奇。在大多数情况下，维持现状是比较安全的办法，因为它让我们少冒一些心理风险。

很多实验都表明了现状的吸引力。其中一个实验是：有两种价值大体相同的礼物，随机分给一组人，每人一个，比如说，一半人得到了马克杯，另一半人得到了瑞士巧克力。然后告诉这些人，他们可以把自己得到的礼物与他人自由交换。你可能猜想大概会有一半的人想交换礼物，但十个人中只有一个人这样做了。尽管这种随意建立的现状才刚刚存在不过几分钟，它就显示了自己的力量。

其他实验表明，你面临的选择越多，安于现状的拉力就越大。比如说，当面临两个而不是一个选择时，更多的人会选择维持现状：你有 A 和 B 两个选择，而不是只有 A 选择。为什么呢？在 A 和 B 之间做出选择需要额外的努力，选择现状则可以避免这种努力。

明智决策

在商业活动中，行动的过错（作为）往往比怠慢的过错（不作为）受到的惩罚更重，这时现状的拉力就尤其强大了。比如，很多公司合并后以失败告终，是由于发起并购的公司没能采取果断行动，没有在被收购的公司里建立新的更合适的管理架构。"我们现在不要制造事端"，这是通常的逻辑。"让我们等到情况安定下来再说"。可是，随着时间的流逝，现状变得更加巩固，改变起来更加困难，而不是更加容易。没有在应当进行变革的时候抓住机会，管理层会发现自己被困在现状中无法脱身了。

你可以对此做些什么呢？首先要记住，在做任何决定时，维持现状可能是最好的选择，但你不是为了舒服才选择维持现状。当你了解了"安于现状"陷阱之后，可以使用以下技巧来减小它的拉力：

- 总是要提醒自己你的目标，并思考现状是否为这个目标服务。你可能会在现状中找到一些阻碍目标实现的因素。
- 不要将现状作为你唯一的选择。确定其他选择，对它们加以权衡，认真衡量所有的正负影响。
- 问自己如果在没有现状的情况下，你是否会选择现状。
- 避免夸大脱离现状可能需要付出的努力或代价。
- 记住我们对现状的渴望可能会随着时间的推移而改变。所以当比较备选项的时候，总是要把它们放在现在和未来两个角度来考虑。
- 如果你有多个优于现状的备选方案，不要只是因为你需要花费力气选择最佳方案而默认现状。强迫自己做出选择。

沉没成本陷阱

我们另一个根深蒂固的偏见是做决定时总要证明过去的选择是正确的，即使过去的选择在当前已经站不住脚了。我们中的大多数人都掉进过这个陷阱。比如说，我们可能拒绝卖掉一支亏损的股票或互助基金，而放弃其他那些更有吸引力的投资。或者可能花大气力来提高一名员工的绩效，而我们知道从一开始就不应该雇用这名员工。我们过去的决定成了被经济学家称为"沉没成本"的东西——过去投入的、现在不可收回的时间和金钱。从理智上，我们知道，沉没成本与当前的决定毫无关系，但尽管如此，沉没成本还是困扰着我们，让我们做出不恰当的决定。

人们为什么不能让自己从过去的决定中解脱出来？通常的情况是，人们不管有意还是无意，都不愿承认犯了错误。承认个人生活中的错误决定可能仅仅是一件私事，只涉及个人自尊，但是在商业中，错误决定往往是一件非常公开的事，会招致同事或老板的批评。如果你雇用了一名表现不佳的员工，你炒了他的鱿鱼就是公开承认了自己的判断错误。从心理学上讲，让他或她留在公司更加安全，尽管这个选择只会让错误的后果更加糟糕。

沉没成本偏见在银行业务中令人沮丧地经常出现，在这里后果尤其可怕。当一个借款人遇到经营困难时，贷款人常常会贷给他更多的钱，希望给借款人提供一点喘息空间以恢复业务。如果这个企业真的有机会恢复生机，这就是个明智的投资。否则，就是花钱填无底洞。

一家美国大银行向外国企业借出了大量不良贷款，我们中有人帮助它摆脱困境。我们发现那些对最初贷出的问题贷款负有责任的银行家比问题贷款决定做出后才接管业务的银行家更倾向于追加贷款——而且在很多情况下重复追加。绝大多数情况下，最初做决定的银行家

明智决策

的策略和贷款以失败告终。他们身陷责任越来越大的陷阱，有意无意地试图保护自己早先做出的错误决定。他们是沉没成本偏见的受害者。这家银行通过出台一项政策，规定贷款一旦出了问题，就要立即移交给另外一位银行家接管，最终解决了这一问题。新上任的银行家可以用一种全新的、无偏见的眼光来看待提供更多贷款是否可取。

有时，企业文化强化了沉没成本陷阱。如果企业对于导致不利结果的决定惩罚过重，就会刺激管理者让失败的项目无休止地拖延下去——幻想着他们也许可以将失败转变为成功。企业高管应当认识到，在一个不确定的世界中，不可预知的事件经常发生，正确的决定有时也会导致不好的结果。承认一些好的想法可能以失败告终，企业高管就会鼓励人们减少损失，而不是让损失越积越多。

你可以对此做些什么呢？对任何以前做出的决定，都要有意识地将沉没成本置于一旁，无论是从心理上，还是从经济上。沉没成本会搅乱你对当前选择的思考。试试以下这些技巧：

- 寻找并认真听取与最初决定无关因而也不用为其负责的人们的意见。
- 检讨一下为什么承认以前的错误会令你感到沮丧。如果问题出自你的自尊心，勇敢地面对它。提醒自己，即便原来的决定者没有错，明智的选择也会有不好的结果；而且即使是最出色最有经验的管理者，也不免判断失误。请记住沃伦·巴菲特（Warren Buffett）的名言："当发现自己在洞里的时候，你能做的最好的事就是停止挖掘。"
- 对下属的决定和建议中受"沉没成本"偏见影响的地方负责。必要时指派他人完成工作。
- 不要培养惧怕失败的文化，这种文化会导致员工将他们的错误永远继续下去。在奖赏员工时，要根据他们决定的质量（考虑他们做决定时已知的情况），而不只是最终结果的质量。

肯定证据陷阱

想象你是一家成功的中型美国制造公司总裁，正考虑是否取消一个计划中的工厂扩建项目。因为一段时间以来，你一直担心你公司的出口不能保持现有的增长水平。你担心在今后的几个月中美元会坚挺，这样对外国消费者来说你们的产品就更贵了，导致需求下降。但是在叫停工厂扩建项目之前，你决定打电话给一个老熟人，听听她的看法。这个人是一家类似公司的首席执行官，那家公司最近刚刚封存了一家新工厂。她坚信，其他货币兑美元的汇率会大幅下跌。你会怎么做呢？

你最好不要让这次对话成为决定因素，因为你可能刚好成为肯定证据偏见的受害者。这种偏见引导我们去寻找支持我们现有直觉或观点的信息，而回避与之相反的信息。别忘了，除了支持她自己决策的强有力观点之外，你还能指望你的老熟人说些什么呢？肯定证据偏见不只影响我们从哪里收集证据，还影响了我们如何解读得到的证据，使我们对支持的证据过于重视，对相反的证据重视不足。

有一项针对这种现象的心理学研究：有两组人，一组人反对死刑，另一组人支持死刑；每组人都读了两份精心策划的研究报告，报告谈的都是关于死刑在遏制犯罪上的有效性。一个报告得出结论，死刑有效；另一个报告则得出结论，死刑无效。尽管两组成员都接触到了支持正反方观点的有力的科学证据，但他们在读了两份报告以后都更加坚信自己先前观点的正确性。他们自然而然地接受了支持证据而忽略了反对证据。

这里有两种根本性的心理力量在起作用。一是我们往往在想清楚为

149

明智决策

什么做一件事之前就下意识地决定去做这件事了；二是相对于不喜欢的东西，我们更倾向于接近喜欢的东西。这种倾向甚至在婴儿身上也很明显。于是，我们自然而然地就受到了支持自己潜意识的证据的吸引。

你可以对此做些什么？不是说你不应当根据潜意识中的想法做出选择，只是说你要确定，这是个明智的选择。你需要对它进行验证。以下是如何验证：

- 总要检查一下你是否以相同的慎重态度考虑了所有的证据。避免不假思索地接受肯定证据的趋势。
- 找一个你敬重的人来故意唱反调，对你正在思忖的决定提出置疑。你自己能提出相反的观点就更好了。选择其他做法的最有力原因是什么？第二有力的原因是什么？第三呢？用开放式思维考虑问题。
- 要诚实地对待自己的动机。你是在真正地寻找证据帮助自己做出正确的选择，还是仅仅在寻找证据以确认自己想做的事是正确的？
- 在寻求别人建议时，不要提可以引导肯定证据的问题。并且如果你发现咨询顾问似乎总是支持你的观点，就另外再找一个咨询顾问。不要总让自己置身于总对你言听计从的人们当中。

设定陷阱

做决定的第一步是设定问题。这也是最危险的步骤之一。问题设定的方式可以从根本上影响你的决策。比如，有个有关汽车保险的例子，问题的设定造成了2亿美元的差别。为了降低保险成本，两个相邻的州，新泽西州和宾夕法尼亚州，都对法律做了相似的修改。每个州都给了司机们一个新的选择：如果接受对诉讼权的一定限制，就可以降低保费。但是，这两个州设定这种选择的方式非常不同：在新泽西州，除非你特别指出其他方式，否则你自动得到有限的诉讼权利；在宾夕法尼亚州，除非你特别指出其他方式，否则你自动得到完全的诉讼权利。不同的问题设定方式造成了不同的现状，而且一点也不奇怪，很多消费者选择了维持原状。于是，在新泽西州，有80%的驾车者选择了有限诉讼权利，而在宾夕法尼亚州，只有25%的人选择有限诉讼权利。由于选择设定的方式，宾夕法尼亚州没有省下预期中的约2亿美元的保险和诉讼费用。

设定陷阱可以有很多种形式，正如这个保险例子表明的，它通常与其他心理陷阱紧密联系。一个设定可以建立现状或者引出"先入之见"，也可能强调沉没成本，或者把你引向肯定证据。决定的研究者们记录下了在误导决策时最频繁出现的两种设定：

设定得与失

在一个决策研究者丹尼尔·卡尼曼（Daniel Kahnema）和阿摩司·特维斯基（Amos Tversky）所做的以经典实验为模型的研究中，我们中的一个人向一些保险专业人士提出了以下问题：

你是一个海运货物的保险理赔员，负责将三艘昨天在阿拉斯加海域附近沉没的投保货船上的货物损失降到最低。每艘货船装载着大约20万美元的货物，如果72小时内不打捞上来，货物就会全部损失。当地一家沉船打捞公司的老板给了你两个备选方案，每个方案的花费是相同的：

明智决策

方案A：这个方案可以挽救其中一艘货轮上的货物，价值20万美元。

方案B：这个方案有三分之一的可能性挽救全部三艘货轮上的货物，价值60万美元，但是还有三分之二的可能性什么损失也无法挽回。

你会选择哪个方案？

如果你像研究中71%的受测者一样，选择了"风险小一些"的方案A，这个方案可以确保挽救一艘货轮。然而，研究中的另外一组人被要求从选项C和D中选择：

方案C：这个方案会导致三分之二的货物损失，损失价值为40万美元。

方案D：这个方案有三分之二的可能性使三艘货轮的货物损失，价值60万美元，但还有三分之一的可能性使一点损失也不发生。

面临这样的选择，80%的测试对象选择了D方案。

其实，这两组方案是一模一样的——方案A与方案C相同，方案B与方案D相同，只是设定提出的方式不同。人们截然不同的反应说明，当风险以所得的形式（捞出货轮）呈现时，人们规避风险；当风险以避免损失的形式（损失货轮）呈现时，人们寻求风险。除此之外，人们往往照搬表述问题的方式，而不把问题以自己的方式重新叙述一遍。

用不同的参照物设定问题

同一个问题设定不同的参照物时，会导致非常不同的反应。比如说，你的银行活期账户中有2,000美元，有人问你下面的问题：

你愿意接受一个50%对50%的机会，或失去300美元或赚得500美元吗？

你会接受这个机会吗？如果这样问呢：

你愿意让你的账户保持现有的2,000美元，还是接受一个50%对

50% 的机会让你的账户余额为 1,700 美元或 2,500 美元?

这两个问题再次提出了相同的问题。虽然从理智上讲,你对这两个问题的回答应该是相同的,但研究表明,很多人会拒绝第一个问题中 50% 对 50% 的机会,而接受第二个问题中的机会。他们的不同反应是由于两种提问设定的参照物不同。在第一种提问中,参照物为零,强调了收益和损失的增量,可能会受损失的想法在很多人心中激起了一种保守的反应。第二种提问,以 2,000 美元为参照物,通过强调决定会对财务产生的真正影响,提供了恰当的视角。

你可以对此做些什么? 一个提问方式不妥的问题可能会损害一个经过慎重考虑的决定。但只要采取以下预防措施,就可以限制问题设定中的那些消极影响:

- 不要不假思索地接受最初设定的问题,无论这个问题是由你还是由其他什么人提出来的。总是要努力用各种方式重新设定问题。找出由于问题设定造成的偏差。
- 试着以一种中立和冗长的方式提出问题,这种提问方式结合了收益和损失,或者采用其他的参照物。比如:你愿意接受 50% 对 50% 的机会,或损失 300 美元,导致账户余额为 1,700 美元,或赚取 500 美元,导致账户余额为 2,500 美元?
- 在你做决定的过程中努力考虑问题的设定方式。在决策过程的不同时间点上,尤其是接近结尾的时候,问问自己,如果提问方式发生变化会对你的想法产生怎样的影响。
- 当他人对决策提出建议时,考虑他们设定问题的方式。以不同的问题设定方式向他们质疑。

明智决策

估计和预测陷阱

我们中的大多数人很善于估计时间、距离、重量和体积。这是因为我们不断地对这些变量做出判断，并能迅速得到对这些判断准确性的反馈。通过日常实践，我们的头脑变得能够判断准确。

然而，对不确定事件的估计或预测就是另外一回事了。尽管经理们不断地做着这种估算或预测，他们却极少能得到对估计或预测准确性的反馈。比如，如果你判断一年之后油价降到每桶15美元以下的概率是40%，而油价真的降到了那个水平，你并不能知道你估算的概率是否正确。衡量准确率的唯一办法是记录很多相似的判断，事后才能看出你认为的有40%发生概率的事件，确实在40%的情况下发生了。这就需要在较长的一段时间认真记录大量的数据。天气预报员和博彩者有机会和动机来保留这些记录，而除他们之外的其他人就没有了。于是，我们的大脑在对不确定性进行估计时，永远无法变得判断准确。

到目前为止，我们讨论过的这些陷阱，都可以对我们面对不确定性时做决定的方式产生影响。但是还有另外一些陷阱，它们在不确定情况下的扭曲作用尤为明显，因为它们阻碍了我们推算概率的能力。现在让我们来看一下三个最常见的不确定性陷阱：

过于自信陷阱

虽然我们中的大多数人并不善于估计或预测，但我们却往往对自己的准确率过于自信。这可以导致判断错误，进而导致决策错误。在一系列的测试中，人们被要求预测下周道琼斯工业平均指数的收盘价。考虑到预测的不确定性，他们被要求预测一个收盘价可能落入的区间。

在选择区间高位时，他们被要求选择一个价位，他们预测的收盘价超出这个价位的可能性只有1%。同样，在区间低位的选择上，他们也被要求指出一个价位，他们预测的收盘价低于这个价位的可能性也只有1%。如果他们善于判断自己预测的准确性，你可以期望只有2%的情况下，测试参加者是错误的。但是，数百次测试表明，事实上道琼斯工业平均指数有20%至30%的情况是收于预测之外。由于对预测准确性过于自信，大多数人将概率的波动区间定得过窄。

想一想这一点在商业决策中的影响吧，商业决策中的主要计划和投资通常取决于预测的范围。如果管理者低估了一个关键变量的高位或者高估了它的低位，就可能错失良机或是将自己置身于比自己意识到的更高的风险当中。因为管理者们不能正确地估计产品不被市场接受的可能性，很多钱浪费在注定要失败的产品开发项目中。

过于谨慎陷阱

对预测者们来说，另外一个陷阱是过于慎重或审慎。当面临重大决策时，我们往往会调整自己的估计或预测，就是为了"保险起见"。比如说，很多年前，美国三大汽车生产商之一需要决定：为了迎接销售旺季他们要生产多少辆新型轿车。负责做出决策的市场计划部门向其他部门征求意见，让他们提供一些主要变量，如预计销售量、分销商存货、竞争对手活动和成本等。了解了这一预测的目的，每个部门都对自己的预测做了调整，偏向于多生产些汽车——就为了"保险起见"。但是市场计划部门对这些数据照单全收，并且为了"保险起见"，又做了自己的调整。所以一点儿也不奇怪，生产的汽车数量远远超出了需求量，公司花了六个月的时间才把超出的数量销售出去，最后还采取了促销价格。

明智决策

　　政策制定者们甚至将慎重作为正式决策过程的一部分。一个比较极端的例子是"最坏情况分析"法的使用，这种方法一度在武器系统的设计中很普遍，现在仍被用于一些工程和规范制定当中。采用这种方法，工程师们设计出可以在最恶劣情况下使用的武器，尽管这些情况实际发生的可能性微乎其微。最坏情况分析在没有现实收益的情况下（事实上，它经常事与愿违地引发军备竞赛）大大增加了成本，由此证明，有时过于谨慎会和不够慎重一样危险。

回顾过去经验陷阱

　　即使我们既没有过于自信，也没有过于谨慎，我们在做估计或预测时还是会落入陷阱。因为我们经常根据对过去事件的记忆做出对未来事件的推测，我们可能过多地受到戏剧性事件的影响，戏剧性事件是指那些在我们的记忆中留下深刻印象的事件。比如说，我们都会夸大一些很少发生的灾难性事件的可能性，例如飞机失事，因为这类事件在媒体中得到了过多的报道。在你生活中一个戏剧化或导致受伤的事件也可能扭曲你的想法。如果你恰好在上班途中遭遇了一场车祸，你会认为交通事故发生的可能性较高；如果你的一个朋友刚刚死于癌症，你会认为你自己有一天死于癌症的机会较高。

　　事实上，任何影响你公正地回忆过去的情形都会歪曲你对概率的估计。在一个实验中，研究者向不同组人们朗读一些知名男女的名单。每个名单上的男人和女人人数相同，这一点测试对象们并不知道，但是一些名单中的男人比女人更出名，而另外一些名单中的女人们更出名。随后，受测者们被要求估计名单中的男女比例。那些听到名单中出名男人多的受测对象认为名单中男人多，而那些听到名单中出名女人多的受测对象则认为名单中女人多。

156

公司的律师在为责任类案件辩护时也经常落入回顾经验陷阱。他们在决定是对索赔进行赔偿还是将案件诉诸法律时，通常是依据他们对案件胜诉可能性的推测。因为媒体往往大量报道巨额赔偿案件（而忽略其他那些数额比较一般的案件结果），律师们可能过高地估计了给原告巨额赔偿的可能性。因此，他们给出的赔偿数额比实际应赔的要高一些。

你可以对此做些什么呢？避免估计或预测陷阱的最好办法就是在做预测和判断概率时严守规定。对这三种陷阱，可以有些额外的预防措施：

- 为了减少做估计时过于自信的影响，总要在一开始时就考虑极值，可能价值区间的低点和高点。这会帮助你免受最初估值的禁锢。接着对你估计的极值提出质疑。努力设想在哪些情况下实际数字可能会低于你估计的最低值，或高于你估计的最高值，并且相应地调整你的估值区间。以类似的方式，对你的下属和顾问的估计提出质疑。他们也同样易受过于自信的影响。

- 为了避免过于谨慎陷阱，总是要实事求是地提出你的估计，并且要向使用数据的人解释，这些数据没有经过调整。向任何正在向你提供估值的人强调提供准确数据的必要性。在合理区间内检验估值，以评估它们的影响。再度观察那些比较敏感的估值。

- 为了将过去经验带来的认识扭曲最小化，仔细检查你的所有推测，确保它们没有受到你回忆的过度影响。尽可能地取得真实的数据。努力不要凭印象办事。

明智决策

有备无患

在进行商业决策时，从来就没有什么不费脑子的事。我们的大脑总是在工作，但不幸的是，有时它是在帮倒忙。在决策过程的每个阶段，误解、偏见和其他的思维陷阱可能影响我们所做的决定。那些较为复杂和重要的决定更容易受到扭曲，因为它们通常涉及更多的推测、估计和更多人的贡献。事情越重要，落入心理陷阱的风险就越高。

我们讨论过的这些陷阱都可以单独起作用。但是，更加危险的情况是，它们可以一同作用，相互强化。重要的第一印象可能限制住我们的思路，接着我们可能有选择地寻找支持证据来证实我们最初的倾向。我们做了一个草率的决定，这个决定形成了一个现状。随着沉没成本的累积，我们受到限制，无法找到一个合适的时机发现一个新的而且可能是更好的办法。这种心理上的错过机会一个接一个，让我们越来越难以做出明智的选择。

正如我们在本文开头说过的，面对所有心理陷阱，无论是单独作用的还是综合作用的，最好的保护就是事先认识，有备则无患。即使你不能彻底消除根植于我们大脑工作方式中的扭曲现象，你也可以在决策过程中设置测试和规定，在思维错误变成判断错误之前就发现它们。采取措施来理解和避免心理陷阱还有额外的收获，那就是提升你对自己决策的信心。

本文最初发表于 1998 年
再版版权号 R0601K

作者简介

马克斯·H. 巴泽曼（Max H. Bazerman），哈佛商学院商业管理学杰西·伊西多·斯特劳斯（Jesse Isidor Strauss）名誉教授。

玛西娅·布伦科（Marcia Blenko），波士顿贝恩咨询公司合伙人，贝恩咨询公司北美业务负责人。

拉姆·查兰（Ram Charan），曾为通用电气、福特、杜邦等公司的高层管理者提供过咨询。著有多篇文章和著作。

多利·丘格（Dolly Chugh），获哈佛商学院 MBA 学位，并在哈佛大学组织行为学和社会心理学联合项目中攻读博士学位。

托马斯·H. 达文波特（Thomas H. Davenport），马萨诸塞州百森商学院（Babson College）信息技术及管理学系校长特聘教授（President's Distinguished Professor）。

约翰·S. 哈蒙德（John S. Hammond），决策制定方面的咨询顾

明智决策

问，曾任波士顿哈佛商学院教授。

拉尔夫·L. 基尼（Ralph L. Keeney），杜克大学福库商学院（Fuqua School of Business）教授，该校位于北卡罗来纳州达勒姆市。

迈克尔·C. 曼金斯（Michael C. Mankins），战略和管理咨询公司马拉康顾问公司（Marakon Associates）旧金山分公司管理合伙人。

加德纳·莫尔斯（Gardiner Morse），《哈佛商业评论》资深编辑。

杰弗里·普费弗（Jeffrey Pfeffer），加利福尼亚州斯坦福大学商学院研究生院组织行为学托马斯·D. 迪伊第二（Thomas D. Dee II）名誉教授。

霍华德·雷法（Howard Raiffa），哈佛商学院管理经济学弗兰克·普伦顿·拉姆齐（Frank Plumpton Ramsey）名誉终身教授。

保罗·罗杰斯（Paul Rogers），贝恩咨询伦敦分公司合伙人，负责贝恩咨询公司的全球组织实践业务。

理查德·斯梯尔（Richard Steele），战略和管理咨询公司马拉康顾问公司纽约分公司合伙人。

罗伯特·萨顿（Robert I. Sutton），斯坦福大学工程学院管理科学和工程系教授，职业、技术和组织中心负责人之一。